한 국 어 능 력 시 험

TOPIK
말하기 표현
MASTER 마스터

SD에듀
(주)시대고시기획

한국어능력시험
TOPIK(토픽)
말하기 표현
마스터

Always with you

사람의 인연은 길에서 우연하게 만나거나 함께 살아가는 것만을 의미하지는 않습니다.
책을 펴내는 출판사와 그 책을 읽는 독자의 만남도 소중한 인연입니다.
SD에듀는 항상 독자의 마음을 헤아리기 위해 노력하고 있습니다. 늘 독자와 함께하겠습니다.

저자의 말

'TOPIK(토픽) 말하기 평가'는 한국어 학습자들의 의사소통 능력을 평가할 수 있는 말하기 영역의 시험입니다. 2019년부터 시행을 준비해 온 TOPIK 말하기 평가는 앞으로 한국어 말하기 능력의 평가 기준이 될 것이며, 유학생이나 한국 기업체 취업을 희망하는 사람들의 말하기 능력을 나타내는 자료로 활용될 예정입니다.

이 책은 학습자들이 TOPIK 말하기 평가를 효율적으로 준비할 수 있도록 구성된 말하기 학습서입니다. 한국어를 배우는 모든 학습자는 일상생활에서든 시험에서든 자연스럽고 유창하게 한국말을 구사하고 싶어 합니다. 그러나 막상 무엇을, 어떻게 말해야 하는지 몰라 어려움을 겪는 학습자들이 많습니다. 모두가 똑같은 답을 낼 수 없는 '말하기' 시험이라는 점에서 더욱 부담을 느끼기도 합니다.

그래서 이 책에서는 먼저 TOPIK 말하기 평가에 대한 이해를 높일 수 있도록 시험의 구성과 특징, 평가 기준에 대한 설명을 수록하였습니다. 그 후 여섯 가지 문제 유형에 맞추어 전략적으로 대답하는 방법을 설명하고, 예제도 함께 제시하였습니다. 더불어 유형별 필수 어휘와 문법에 대한 학습을 마치고 나면 다양한 문제와 모의고사를 통해 실력을 더욱 향상시킬 수 있을 것입니다.

말하기 시험에서는 문제에서 요구한 과제를 충실히 수행했는지가 중요한 평가 기준이 됩니다. 책에 수록된 문제를 풀면서 유형을 파악하고 수행 과제에 맞는 내용으로 대답을 구성하는 연습을 많이 해 보시길 추천드립니다. 그리고 정확한 어휘와 문법을 사용했는지도 점수에 영향을 미칩니다. 높은 점수를 획득해서 목표로 하는 등급에 도달할 수 있도록 이 책에 나오는 표현을 꼼꼼히 연습해 보시기 바랍니다. 또한 말하기 시험에서는 전달력도 중요합니다. 이 책에 실린 모범 답안은 모두 음성 파일이 제공됩니다. 파일을 반복해서 들으며 꾸준히 연습하면 자연스럽고 정확한 발음과 억양으로 말할 수 있을 것입니다.

이 책이 한국어 학습자들의 말하기 연습에 도움이 되었으면 합니다. 나아가 이 책으로 공부하는 분들이 자신의 말하기 실력을 한 단계 높이고 TOPIK 말하기 평가에서 그 실력을 충분히 발휘해 원하는 결과를 얻으시기 바랍니다.

저자 김지민 드림

시험 안내

◇ **응시 대상:** 한국어를 모국어로 하지 않는 재외동포 및 외국인

  ▶ 한국어 학습자 및 국내 대학 유학 희망자

  ▶ 국내외 한국 기업체 및 공공 기관 취업 희망자

  ▶ 외국 학교에 재학 중이거나 졸업한 재외국민

◇ **시험 목적**

  ▶ 의사소통 중심의 한국어 학습 방향을 제시합니다.

  ▶ 한국어 의사소통 능력을 측정·평가하여 국내 대학 유학 및 취업 등에 활용할 수 있도록 합니다.

◇ **시험 활용처** ※ 자세한 내용은 기관별로 문의하시기 바랍니다.

  ▶ GKS 우수자비 장학생 선발(4급 이상 가산점 3점 일괄 부여)

  ▶ 외국인 및 12년 외국 교육과정이수 재외동포의 국내 대학 입학 및 장학생 선발

  ▶ 한국 기업체 취업 희망자의 선발 및 인사고과

  ▶ 체류 비자 발급 신청

◇ **성적 유효 기간**

  ▶ 성적 발표일로부터 2년간 유효합니다.

◇ **평가 요소**

  ▶ 질문을 정확히 이해하고 그에 맞는 내용으로 대답해야 합니다.

  ▶ 상황에 적합한 어휘와 표현을 사용해야 합니다.

  ▶ 상대방이 이해할 수 있는 발음, 억양, 속도로 말해야 합니다.

내용 및 과제 수행	• 과제에 적절한 내용으로 표현하였는가? • 주어진 과제를 풍부하고 충실하게 수행하였는가? • 담화 구성이 조직적으로 잘 이루어졌는가?
언어 사용	• 담화 상황에 적합한 언어를 사용하였는가? • 어휘와 표현을 다양하고 풍부하게 사용하였는가? • 어휘와 표현을 정확하게 구사하였는가?
발화 전달력	• 발음과 억양이 어느 정도 이해 가능한가? • 발화 속도가 자연스러운가?

◈ 평가 등급

▶ 유형 1~6까지의 점수는 문항반응이론을 적용한 척도점수로 다시 계산됩니다.

▶ 성적은 200점 만점으로 표기되며 각 급의 기준은 다음과 같습니다.

▶ 0~19점은 불합격으로 처리됩니다.

등급	점수	요구 능력
1급	20~49점	• 친숙한 일상적 화제에 대해 질문을 듣고 간단하게 답할 수 있다. • 언어 사용이 매우 제한적이며 오류가 빈번하다. • 발음과 억양, 속도가 매우 부자연스러워 의미 전달에 문제가 있다.
2급	50~89점	• 자주 접하는 사회적 상황에서 일상적 화제에 대해 묻거나 답할 수 있다. • 언어 사용이 제한적이며 담화 상황에 맞지 않는 경우가 있고 오류가 잦다. • 발음과 억양, 속도가 부자연스러워 의미 전달에 다소 문제가 있다.
3급	90~109점	• 친숙한 사회적 화제에 대해 비교적 구체적으로 말할 수 있다. • 오류가 때때로 나타나나 어느 정도 다양한 어휘와 표현을 비교적 담화 상황에 맞게 사용할 수 있다. • 발음과 억양, 속도가 다소 부자연스러우나 의미 전달에 큰 문제가 없다.
4급	110~129점	• 일부 사회적 화제에 대해 대체로 구체적이고 조리 있게 말할 수 있다. • 오류가 때때로 나타나나 다양한 어휘와 표현을 대체로 담화 상황에 맞게 사용할 수 있다. • 발음과 억양, 속도가 비교적 자연스러워 의미 전달에 문제가 거의 없다.
5급	130~159점	• 사회적 화제나 일부 추상적 화제에 대해 비교적 논리적이고 일관되게 말할 수 있다. • 오류가 간혹 나타나나 다양한 어휘와 표현을 담화 상황에 맞게 사용할 수 있다. • 발음과 억양, 속도가 대체로 자연스러워 발화 전달력이 양호하다.
6급	160~200점	• 사회적 화제나 추상적 화제에 대해 논리적이고 설득력 있게 말할 수 있다. • 오류가 거의 없으며 매우 다양한 어휘와 문법을 담화 상황에 맞게 사용할 수 있다. • 발음과 억양, 속도가 자연스러워 발화 전달력이 우수하다.

※ 평가 기준은 달라질 수 있습니다. 자세한 내용은 시행처 홈페이지를 확인하세요.

시험 안내

◇ 시험 당일 준비물

▶ **필수**: 수험표, 신분증(규정된 신분증 이외의 의료보험증, 주민등록등본, 각종 자격증과 학생증은 인정하지 않음. 세부 사항은 시행처 홈페이지 확인)

▶ **선택**: 필기구(시험 당일 시험장에서 나누어 주는 것만 사용 가능할 수도 있음), 아날로그 손목시계 (전자식 시계, 휴대전화 등은 사용 불가)

◇ 시험 시간

▶ 입실 완료 시간은 오전 11시 30분입니다.

▶ 입실 시간이 지나면 시험장 안으로 절대 들어갈 수 없습니다.

시간	시험장 진행 상황
11:30~12:00 (30분)	본인 확인 및 유의 사항 안내
12:00~12:30 (30분)	시험 진행

◇ 시험 구성

▶ 문제의 유형은 여섯 가지입니다. 유형에 따라 준비 시간과 대답 시간이 다르기 때문에 시간을 잘 확인해야 합니다.

번호	유형	난이도	배점	준비 시간	대답 시간
1	질문에 대답하기	초급	9점	20초	30초
2	그림 보고 역할 수행하기		9점	30초	40초
3	그림 보고 이야기하기	중급	12점	40초	60초
4	대화 완성하기		12점	40초	60초
5	자료 해석하기	고급	15점	70초	80초
6	의견 제시하기		15점	70초	80초

◈ 시험 시 유의 사항

▶ 시험을 보기 전, 헤드폰과 마이크 작동 확인용으로 제시되는 연습 문제가 있습니다. 이 문제는 시험 점수에 들어가지 않습니다.

▶ 시험을 보는 중에는 책상 위에 신분증 외의 어떠한 물품도 놓을 수 없습니다. 반입 금지 물품(휴대전화, 이어폰, 전자사전, 스마트 워치, MP3 등 모든 전자기기)을 소지한 경우 반드시 감독관에게 제출해야 합니다.

▶ 시험이 끝나면 자신이 녹음한 답을 들어 볼 수 있는 시간이 있습니다. 단, 답안 파일을 수정하거나 변경할 수는 없습니다.

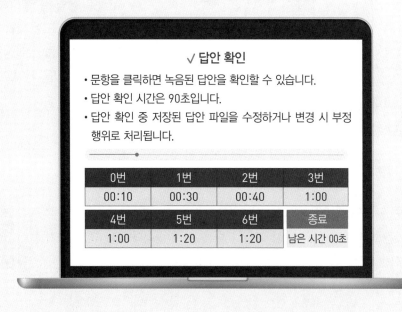

이 책의 구성

본 교재는 출제 유형별 풀이 전략과 필수 표현을 익히고 모의고사를 통한 실전 연습을 할 수 있도록 구성하였습니다. 총 여섯 가지 유형으로 정리하였으며, 각 유형은 '쏙쏙, 유형 맛보기 ➔ 술술, 기술 이해하기 ➔ 쓱쓱, 표현 익히기 ➔ 쑥쑥, 기술 완성하기'로 이루어져 있습니다.

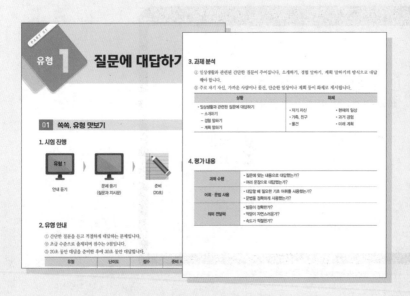

01 쏙쏙, 유형 맛보기

본격적인 학습에 앞서 출제 유형별 특징을 알려 드립니다. 난이도, 준비 시간, 대답 시간, 출제 경향, 평가 기준 등을 확인하고 시험의 전반적인 흐름을 이해할 수 있을 거예요.

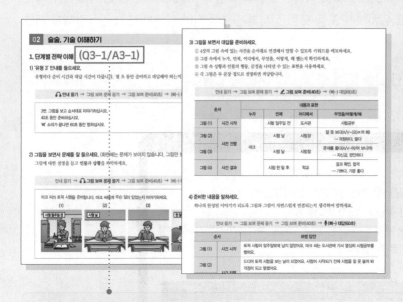

02 술술, 기술 이해하기

시험 진행 순서에 따른 '단계별 전략'과 고득점 취득을 위한 '상황별 전략'을 설명해 드립니다. 유형별 대표 문제와 전략을 함께 제시하여 풀이 과정을 상세히 확인할 수 있을 거예요.

전 문항 음성 파일 제공!

QR코드를 스캔하면 모범 답안 음성 파일을 들을 수 있습니다. 자신의 말하기를 녹음해서 비교해 보면 더욱 효과적으로 시험에 대비할 수 있을 거예요.

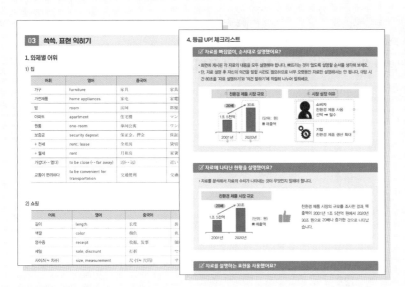

03 쓱쓱, 표현 익히기

유형별 필수 어휘와 문법 표현, 수준별 발음 포인트, 체크리스트 등을 제시하였습니다. 해당 유형에 나오는 문제와 답안을 예시로 제시해 더욱 쉽게 이해할 수 있을 거예요.

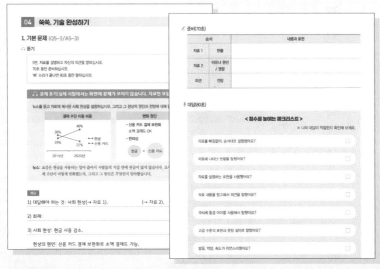

04 쓱쓱, 기술 완성하기

앞에서 배운 전략을 직접 적용해 보는 '기본 문제'와 다양한 화제로 해당 유형을 반복 학습할 수 있는 '연습 문제'로 구성하였습니다. 화제 파악 및 키워드 메모부터 체크리스트 확인까지 빠르게 학습 포인트를 점검할 수 있을 거예요.

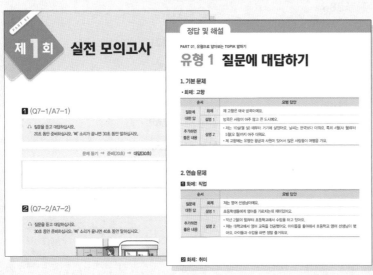

실전 모의고사

실제 시험과 비슷한 문제로 모의고사 3회분을 수록하였습니다.

정답 및 해설

유형별 전략에 따라 모범 답안을 제시하였습니다. 특히 '유형 6'에서는 '찬성'과 '반대'의 모범 답안을 모두 수록하여 다양한 입장에서 연습할 수 있을 거예요.

이 책의 목차

PART

01

유형으로 알아보는
TOPIK 말하기

유형 1 질문에 대답하기

01 쏙쏙, 유형 맛보기

1. 시험 진행

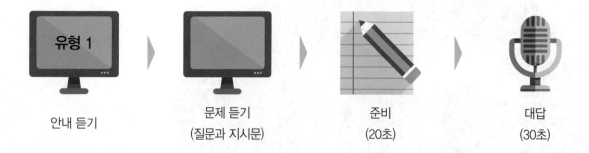

| 안내 듣기 | 문제 듣기 (질문과 지시문) | 준비 (20초) | 대답 (30초) |

2. 유형 안내

① 간단한 질문을 듣고 적절하게 대답하는 문제입니다.

② 초급 수준으로 출제되며 점수는 9점입니다.

③ 20초 동안 대답을 준비한 후에 30초 동안 대답합니다.

유형	난이도	점수	준비 시간	대답 시간
질문에 대답하기	초급	9점	20초	30초

3. 과제 분석

① 일상생활과 관련된 간단한 질문이 주어집니다. 소개하기, 경험 말하기, 계획 말하기의 방식으로 대답해야 합니다.

② 주로 자기 자신, 가까운 사람이나 물건, 단순한 일상이나 계획 등이 화제로 제시됩니다.

상황	화제	

• 일상생활과 관련된 질문에 대답하기
   – 소개하기
   – 경험 말하기
   – 계획 말하기
	• 자기 자신
	• 가족, 친구
	• 물건
		• 현재의 일상
		• 과거 경험
		• 미래 계획

4. 평가 내용

과제 수행	• 질문에 맞는 내용으로 대답했는가? • 여러 문장으로 대답했는가?
어휘 · 문법 사용	• 대답할 때 필요한 기초 어휘를 사용했는가? • 문법을 정확하게 사용했는가?
의미 전달력	• 발음이 정확한가? • 억양이 자연스러운가? • 속도가 적절한가?

1. 단계별 전략 이해 (Q1-1/A1-1)

1) '유형 1' 안내를 들으세요.

유형마다 준비 시간과 대답 시간이 다릅니다. 몇 초 동안 준비하고 대답해야 하는지 확인하세요.

🎧 **안내 듣기** ➔ 문제 듣기 ➔ 준비(20초) ➔ (삐-) 대답(30초)

> 1번. 질문을 듣고 대답하십시오.
> 20초 동안 준비하십시오.
> '삐' 소리가 끝나면 30초 동안 말하십시오.

2) 문제를 잘 들으세요. (화면에는 문제가 보이지 않습니다.)

구체적인 질문(Ⓐ)과 지시문(Ⓑ)을 듣고 **화제**와 **대답해야 할 내용**을 파악하세요.

안내 듣기 ➔ 🎧 **문제 듣기** ➔ 준비(20초) ➔ (삐-) 대답(30초)

> 취미가 뭐예요? 언제 어디에서 그것을 해요? ----------------- Ⓐ
> 취미에 대해 이야기하세요. ------------------------------- Ⓑ

3) 대답을 준비하세요.

① 문제에 나온 질문에 맞게 대답할 수 있도록 키워드를 메모하세요.
② 화제에 대해 더 말할 내용도 생각하세요.
③ '(언제, 어디에서), 누구와, 무엇을, 어떻게, 왜' 등을 생각하면서 내용을 추가하면 좋습니다.

안내 듣기 ➔ 문제 듣기 ➔ ✎ **준비(20초)** ➔ (삐-) 대답(30초)

순서		내용	표현
질문에 대한 답	화제	• 취미: 등산	• N(이)에요
	설명 1	• 언제: 주말 • 어디에서: 고향	• N마다 • N에서
추가하면 좋은 내용	설명 2	• 누구와: 친구 • 왜: 경치 구경	• N와/과 • V-(으)ㄹ 수 있어서

4) 준비한 내용을 말하세요.

의미가 잘 전달되도록 정확한 발음으로 크게 이야기하세요.

안내 듣기 → 문제 듣기 → 준비(20초) → 🎤 (삐―) 대답(30초)

순서		모범 답안
질문에 대한 답	화제	제 취미는 등산이에요.
	설명 1	우리 고향에는 산이 많이 있어서 등산을 하는 사람이 많아요. 저도 고향에서 주말마다 등산을 했어요.
추가하면 좋은 내용	설명 2	우리 가족들은 등산을 별로 좋아하지 않아요. 그래서 보통 친구들과 같이 등산을 가요. 등산을 하면 아름다운 경치를 구경할 수 있어서 정말 좋아요.

2. 상황별 핵심 전략 (Q1-1/A1-1~Q1-3/A1-3)

'유형 1'에서는 어떤 대상을 소개하는 문제나 과거 경험을 말하는 문제, 미래 계획을 말하는 문제가 출제됩니다. 상황별로 어떻게 대답해야 하는지 알아 두세요.

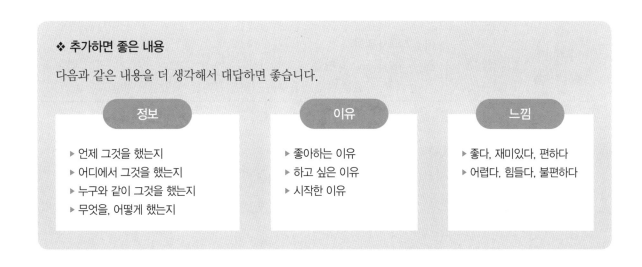

❖ 추가하면 좋은 내용

다음과 같은 내용을 더 생각해서 대답하면 좋습니다.

정보
▶ 언제 그것을 했는지
▶ 어디에서 그것을 했는지
▶ 누구와 같이 그것을 했는지
▶ 무엇을, 어떻게 했는지

이유
▶ 좋아하는 이유
▶ 하고 싶은 이유
▶ 시작한 이유

느낌
▶ 좋다, 재미있다, 편하다
▶ 어렵다, 힘들다, 불편하다

대상을 소개하는 문제

① 자신의 취미, 직업, 가족이나 친구를 소개하는 문제입니다.
② 소개하는 대상이 무엇인지 묻고 그것과 관련 있는 질문을 합니다.

🎧 문제 듣기(실제 시험에서는 화면에 문제가 보이지 않습니다.)

취미가 뭐예요? 언제 어디에서 그것을 해요? 취미에 대해 이야기하세요.

표현 Tip 이렇게 대답해 보세요!

① 먼저 소개하는 대상이 무엇인지 말하고 그 뒤에 자세한 설명을 하세요.
② 대상에 대한 정보, 이유, 느낌 등을 말하면 좋습니다.
③ 말하는 내용에 맞추어 시제를 정확하게 쓰세요. 보통 대상을 소개할 때는 현재형을 가장 많이 씁니다.

순서		모범 답안
질문에 대한 답	화제	**소개하는 대상 간단하게 말하기** 예 제 취미는 등산이에요.
	설명 1	**질문에 대한 답 자세하게 말하기** 예 우리 고향에는 산이 많이 있어서 등산을 하는 사람이 많아요. 저도 고향에서 주말마다 등산을 했어요.
추가하면 좋은 내용	설명 2	**더 생각해서 말하기** 예 우리 가족들은 등산을 별로 좋아하지 않아요. 그래서 보통 친구들과 같이 등산을 가요. 등산을 하면 아름다운 경치를 구경할 수 있어서 정말 좋아요.

※ 앞에서 공부한 문제이지요? 배운 내용을 떠올리면서 소리 내어 읽어 보세요.

상황 2 경험을 말하는 문제

① 여행을 가 본 적이 있는지, 생일이나 휴가를 어떻게 보냈는지 묻는 문제입니다.

② 어떤 경험을 했는지, 그때 느낌이 어땠는지 등을 질문합니다.

🎧 문제 듣기(실제 시험에서는 화면에 문제가 보이지 않습니다.)

지난 휴가에 뭘 했어요? 그것을 할 때 어땠어요? 지난 휴가에 대해 이야기하세요.

표현 Tip 이렇게 대답해 보세요!

① 먼저 어떤 경험을 했는지 말하고 그 뒤에 자세한 설명을 하세요.

② 경험한 것을 구체적으로 말하고 그 경험에서 느낀 것을 말하면 됩니다.

③ 경험을 이야기할 때는 과거형으로 말하세요. 예 A/V−았/었어요

④ 시간과 장소를 이야기할 때는 조사에 주의해서 말하세요. 예 N에, N에서

순서		모범 답안
질문에 대한 답	화제	경험한 것 간단하게 말하기 예 저는 지난 휴가에 부산에 갔어요.
	설명 1	질문에 대한 답 자세하게 말하기 예 부산에서 바다를 구경하고 사진도 많이 찍었어요. 부산 바다가 정말 예쁘고 음식도 맛있어서 행복했어요.
추가하면 좋은 내용	설명 2	더 생각해서 말하기 예 부산에 처음 가 봤는데 다음에 부모님과 같이 또 가고 싶어요.

계획을 말하는 문제

① 여행이나 주말 계획, 한국어를 공부한 후의 계획을 묻는 문제입니다.
② 어떤 계획이 있는지, 그 일을 하고 싶은 이유가 무엇인지 등을 질문합니다.

🎧 **문제 듣기(실제 시험에서는 화면에 문제가 보이지 않습니다.)**

이번 주말에 뭘 하고 싶어요? 왜 그것을 하려고 해요? 주말 계획에 대해 이야기하세요.

표현 Tip **이렇게 대답해 보세요!**

① 먼저 어떤 계획이 있는지 말하고 그 뒤에 자세한 설명을 하세요.
② 계획을 구체적으로 말하는 것이 좋습니다.
③ 계획을 이야기할 때는 미래형으로 말하세요. **예** A/V-(으)ㄹ 거예요, A/V-(으)려고 해요
④ 시간과 장소를 이야기할 때는 조사에 주의해서 말하세요. **예** N에, N에서

순서		모범 답안
질문에 대한 답	화제	**계획 간단하게 말하기** **예** 저는 이번 주말에 영화를 보러 갈 거예요.
	설명 1	**질문에 대한 답 자세하게 말하기** **예** 저는 영화 보는 것을 좋아해서 영화관에 자주 가요. 얼마 전에 제가 좋아하는 배우의 영화가 나왔어요. 그래서 친구와 같이 그 영화를 보려고 해요.
추가하면 좋은 내용	설명 2	**더 생각해서 말하기** **예** 집 근처에 큰 영화관이 있는데 이번 주말에 거기에서 영화를 볼 거예요.

03 쓱쓱, 표현 익히기

1. 화제별 어휘

1) 성격

어휘	영어	중국어	일본어
밝다	to be bright	开朗	明るい
부지런하다	to be diligent	勤奋	勤勉だ
비슷하다(↔ 다르다)	to be similar(↔ different)	相似(↔ 不同)	似てる(↔ 違う)
성실하다	to be hardworking	诚实	まじめだ
조용하다	to be quiet	安静	静かだ
착하다	to be good	善良	やさしい
친절하다	to be kind	亲切	親切だ
활발하다	to active	活泼	活発だ
마음이 따뜻하다	to be warm-hearted	热心	心が暖かい
이해심이 많다	to be considerate	体贴	思いやりがある

2) 취미

어휘	영어	중국어	일본어
농구를 하다	to play basketball	打篮球	バスケットボールをする
독서를 하다	to read a book	读书	読書をする
등산을 하다	to climb a mountain	爬山	山登りをする
사진을 찍다	to take a picture of	拍照	写真を撮る
여행을 하다	to travel	旅行	旅行する
영화를 보다	to watch a movie	看电影	映画を見る
음악을 듣다	to listen to music	听音乐	音楽を聴く
자전거를 타다	to ride a bicycle	骑自行车	自転車に乗る
축구를 하다	to play soccer	踢足球	サッカーをする
피아노를 치다	to play the piano	弹钢琴	ピアノを弾く

3) 직업

어휘	영어	중국어	일본어
간호사	nurse	护士	看護師
디자이너	designer	设计师	デザイナー
번역가	translator	翻译家	翻訳家
선생님	teacher	教师	先生
요리사	cook, chef	厨师	料理人
은행원	banker	银行家	銀行員
의사	doctor	医生	医者
주부	housewife, homemaker	主妇	主婦
학생	student	学生	学生
회사원	office worker	公司职员	会社員
관심이 있다(/많다)	to be interested in	感兴趣	関心がある(/多い)
일하다	to work	工作	働く
전공하다	to major in	攻读、主修	専攻する

4) 고향

어휘	영어	중국어	일본어
곳	place	地方	所
근처	neighborhood, nearby	附近	近所
도시	city	城市	都市
시골	countryside	农村	田舎
태어나다	to be born	诞生	生まれる
살다	to live in	生活	住む
복잡하다	to be complicated	复杂	複雑だ
아름답다	to be beautiful	美丽	美しい
유명하다	be famous for	有名	有名だ
크기가 크다(↔ 작다)	to be large(↔ small)	大(↔ 小)	大きさが大きい(↔ 小さい)
사람이 많다(↔ 적다)	to be many people(↔ less)	人多(↔ 少)	人が多い(↔ 少ない)

5) 가족

어휘	영어	중국어	일본어
할아버지	grandfather	爷爷	祖父
할머니	grandmother	奶奶	祖母
부모님	parents	父母	両親
+ 아버지	father	父亲、爸爸	父
+ 어머니	mother	母亲、妈妈	母
오빠	older brother (the name used by a woman)	哥哥	兄（女の人が使う呼び方）
형	big brother (the name used by a man)	哥哥	兄（男の人が使う呼び方）
언니	older sister (the name used by a woman)	姐姐	姉（女の人が使う呼び方）
누나	older sister (the name used by a man)	姐姐	姉（男の人が使う呼び方）
남동생	younger brother	弟弟	弟
여동생	younger sister	妹妹	妹
부부	married couple	夫妻	夫婦
+ 남편	husband	丈夫	夫
+ 아내	wife	妻子	妻
아들	son	儿子	息子
딸	daughter	女儿	娘

6) 친구

어휘	영어	중국어	일본어
고향 친구	friend from home	同乡	故郷の友人
(직장) 동료	co-worker	同事	（職場の）同僚
동창	classmate	同学	同級生
동아리	circle	社团	サークル
즐겁다	to be pleasant	高兴、愉快	楽しい
친하다	to be intimate	亲近、要好	親しい

7) 생일

어휘	영어	중국어	일본어
생일 파티	birthday party	生日聚会	誕生日パーティー
선물	present	礼物	プレゼント
감동하다	to be moved by	感动	感動する
고맙다	to be thankful for	感激、感谢	ありがたい
주다(↔ 받다)	to give(↔ get)	给予(↔ 得到)	くれる(↔ もらう)
준비하다	to get ready	准备	準備する
초대하다	to invite	邀请	招待する
축하하다	to celebrate	祝贺	祝う

8) 여행

어휘	영어	중국어	일본어
경치	scenery, view	景色	景色
+ 야경	night view	夜景	夜景
관광지	tourist attraction	旅游景点	観光地
+ 바다	sea, ocean	海洋、大海	海
+ 산	mountain	山	山
공항	airport	机场	空港
숙소	accommodations	住宿、酒店	宿舎
+ 호텔	hotel	宾馆、酒店	ホテル
구경하다	to look around	参观、游玩	見物する
예매하다	to buy in advance	预购	前もって買う
예약하다	to make a reservation	预订	予約する
출발하다(↔ 도착하다)	to depart(↔ arrive)	出发(↔ 到达)	出発する(↔ 到着する)

9) 계절

어휘	영어	중국어	일본어
봄	spring	春天	春
+ 따뜻하다	to be warm	温暖	暖かい
+ 꽃이 피다	to bloom	开花	花が咲く
여름	summer	夏天	夏
+ 덥다	to be hot	炎热	暑い
+ 수영하다	to swim	游泳	泳ぐ
가을	autumn	秋天	秋
+ 시원하다	to be cool	凉快	涼しい
+ 단풍이 들다	to turn red	枫叶变红	紅葉する
겨울	winter	冬天	冬
+ 춥다	to be cold	寒冷	寒い
+ 눈이 오다	to snow	下雪	雪が降る
+ 스키를 타다	to ski	滑雪	スキーをする

2. 기능별 표현

1) 기간을 나타내는 표현

- N부터 (N까지)

  예 저는 어릴 때부터 선생님이 되고 싶었어요.

  제 고향은 7월부터 8월까지 비가 많이 와요.

- N 동안

  예 3년 동안 은행에서 일했어요.

  일주일 동안 제주도 여행을 했어요.

2) 이유를 나타내는 표현

- A/V-아/어서

  예 경치가 아름다워서 사진을 많이 찍었어요.

  농구를 좋아해서 친구들하고 농구를 자주 해요.

- A/V-거든요

  예 생일 선물로 옷을 많이 받았어요. 제가 옷에 관심이 많거든요.

  언니를 자주 못 만나요. 언니가 미국에 살거든요.

3) 목적을 나타내는 표현

- V-(으)러

  예 주말에는 영화를 보러 가요.

  오후에는 박물관을 구경하러 갔어요.

  한국에는 한국어 공부를 하러 왔어요.

4) 연결해서 말하는 표현

- A/V-고

  예 제가 태어난 도시는 작고 조용한 곳이에요.

  바다에서 수영을 하고 저녁을 먹으러 갔어요.

- A/V-지만

  예 한국 음식은 조금 맵지만 맛있어요.

  저는 운동을 좋아하지만 동생은 별로 안 좋아해요.

5) 상황이나 행동이 일어나는 동안, 시기, 경우를 나타내는 표현

- A/V-(으)ㄹ 때
  - 예 기분이 안 좋을 때 음악을 들어요.
    저는 축구를 할 때 정말 즐거워요.

6) 경험을 나타내는 표현

- V-아/어 봤어요
  - 예 서울에서 처음 한복을 입어 봤어요.
    요리 교실에서 태국 요리도 만들어 봤어요.
- V-(으)ㄴ 적이 있어요(↔ 없어요)
  - 예 대학생 때 한국에 여행 간 적이 있어요.
    한국에서 등산을 한 적이 있어요.
    고향에서는 눈을 본 적이 없어요.

7) 계획을 나타내는 표현

- V-(으)ㄹ 거예요
  - 예 졸업 후에 대학원에 갈 거예요.
    이번 주말에는 집에서 쉴 거예요.
- V-(으)려고 해요
  - 예 방학에는 고향에 돌아가려고 해요.
    한국에서 여행을 많이 하려고 해요.

8) 희망을 나타내는 표현

- V-고 싶어요
  - 예 아이들에게 영어를 가르치고 싶어요.
    이번 여름에는 제주도에 가고 싶어요.

3. 실력 UP! 발음 확인 (P1)

| 모음 비교 | 말하기 시험에서는 발음이 중요합니다. 발음이 정확하지 않으면 의미를 잘 전달하기 어렵기 때문입니다. 다음 그림을 보면서 모음의 발음을 연습해 보세요. |

1) '어'와 '오'

'어'는 아래턱을 약간 내리고, 입술은 약간 벌려 둥근 형태로 만들어 발음합니다.
'오'는 입술을 동그랗게 오므리고 발음합니다. 혀의 위치는 '어'와 같습니다.

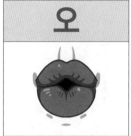

거기   오빠

소설   독서

졸업 후에 미국에 돌아갈 거예요.

2) '오'와 '우'

'우'는 '오'보다 입술을 더 작고 둥글게 모아서 앞으로 쭉 내밀며 발음합니다.

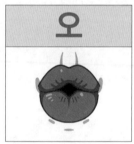
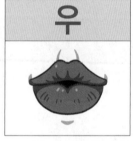

가족   기분

공부   운동

나중에 제주도에 가고 싶어요.

3) '우'와 '으'

'으'는 입술 양끝을 당겨 평평하게 하고 혀 뒤쪽은 높여 발음합니다.

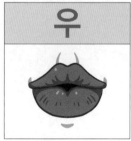
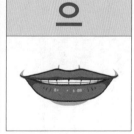

수업   근처

친구들   배우는데

아름다운 바다를 구경했어요.

4. 등급 UP! 체크리스트

☑ 질문에 모두 답했어요?

- 문제에 나온 질문에 모두 답해야 합니다.
- 질문에 대한 답을 먼저 준비한 후 더 말할 내용을 생각하세요.

 취미가 뭐예요? 언제 어디에서 그것을 해요?

 질문에 대한 답 ＋ 화제에 대해 더 말할 내용

☑ 여러 문장으로 말했어요?

- 한 문장으로 간단하게 대답하지 말고 화제에 대해 자세하게 말해야 합니다.
- 대답 시간 30초가 남지 않도록 여러 문장으로 대답하세요.

 제 취미는 축구예요. 저는 축구를 좋아해서 보통 수업이 끝난 후에 축구를 해요. 그리고 주말에는 동호회 사람들과 축구를 해요. ➡ 화제에 대한 자세한 설명 있음

 제 취미는 축구예요. ➡ 화제에 대한 자세한 설명 없음

☑ 화제에 맞는 어휘를 사용했어요?

- 화제를 설명할 때 필요한 어휘를 적절하게 사용해야 합니다.
- 일상생활과 관련된 초급 어휘를 미리 공부하세요.

취미	농구를 하다, 음악을 듣다, 운동을 하다 …
직업	간호사, 선생님, 전공, 일하다 …
가족, 친구	할머니, 아버지, 고향 친구, 친하다 …
여행	경치, 공항, 숙소, 구경하다 …

☑ 문법 표현을 정확하게 사용했어요?

- 문법 표현을 정확하게 사용해야 이야기를 잘 전달할 수 있습니다.
- 틀리기 쉬운 표현에 주의하면서 대답하세요.

〈 틀리기 쉬운 표현 〉

1. 'N에'와 'N에서'
   - 친구들과 바다에 갔어요. ➡ [도착 장소]에 가다/오다/있다
     → 친구들과 바다에서 갔어요. (X)
   - 친구들과 바다에서 놀았어요. ➡ [행동하는 장소]에서 V-하다
     → 친구들과 놀이공원에 만날 거예요. (X)

2. '좋다'와 '좋아하다'
   - 저는 여행이 좋아요. ➡ N이/가 좋다
   - 저는 여행을 좋아해요. ➡ N을/를 좋아하다
     → 저는 여행이 좋아해요. (X)

3. 'N하다'를 부정하는 표현
   - 긍정: 주말에는 한국어를 공부해요. ➡ N하다
   - 부정: 주말에는 한국어 공부를 안 해요. ➡ N을/를 안 하다
     → 주말에는 한국어를 안 공부해요. (X)

04　쑥쑥, 기술 완성하기

1. 기본 문제 (Q1-4/A1-4)

🎧 듣기

> 1번. 질문을 듣고 대답하십시오.
>
> 20초 동안 준비하십시오.
>
> '삐' 소리가 끝나면 30초 동안 말하십시오.

🎧 (실제 시험에서는 화면에 문제가 보이지 않습니다.)

고향이 어디예요? 거기는 어떤 곳이예요? 고향에 대해 이야기하세요.

메모

1) 화제:

....

2) 추가하면 좋은 내용:　　　　　　　　,　　　　　　　　,

....

메모 확인　　1) 고향　　2) 살았던 기간, 날씨, 유명한 것

✏️ 준비(20초)

순서		내용과 표현
질문에 대한 답	화제	
	설명 1	
추가하면 좋은 내용	설명 2	

🎤 대답(30초)

< 점수를 높이는 체크리스트 >

※ 나의 대답이 적절한지 확인해 보세요.

질문에 모두 대답했어요? ☐

여러 문장으로 말했어요? ☐

화제에 맞는 어휘를 사용했어요? ☐

문법 표현을 정확하게 사용했어요? ☐

발음, 억양, 속도가 자연스러웠어요? ☐

'1. 기본 문제'까지 충분히 공부했나요? 이제 '2. 연습 문제'는 다음과 같이 풀어 보세요.

• 답변할 내용 중에서 중요한 단어, 즉 '키워드'를 답안 박스에 써 보세요.
• 키워드를 이용해 소리 내어 답변하며 완성된 문장을 만들어 보세요.
• 자신의 답변을 녹음한 후 '정답 및 해설'의 모범 답안과 비교해 보면 더욱 좋습니다.

2. 연습 문제 (Q1-5/A1-5~Q1-14/A1-14)

1

🎧 **문제 듣기(실제 시험에서는 화면에 문제가 보이지 않습니다.)**

직업이 뭐예요? 그 일이 어때요? 직업에 대해 이야기하세요.

순서		내용과 표현
질문에 대한 답	화제	
	설명 1	
추가하면 좋은 내용	설명 2	• 그 일을 시작한 때 • 그 일을 하게 된 이유

2

🎧 **문제 듣기(실제 시험에서는 화면에 문제가 보이지 않습니다.)**

취미가 뭐예요? 언제 어디에서 그것을 해요? 취미에 대해 이야기하세요.

순서		내용과 표현
질문에 대한 답	화제	
	설명 1	
추가하면 좋은 내용	설명 2	• 같이 하는 사람 • 그 취미가 좋은 이유

③

🎧 문제 듣기(실제 시험에서는 화면에 문제가 보이지 않습니다.)

가족 중에서 1명을 소개해 주세요. 그 사람은 어떤 사람이에요?

순서		내용과 표현
질문에 대한 답	화제	
	설명 1	
추가하면 좋은 내용	설명 2	• 그 사람의 성격 • 그 사람이 좋아하는 것

④

🎧 문제 듣기(실제 시험에서는 화면에 문제가 보이지 않습니다.)

제일 친한 친구가 누구예요? 그 친구는 어떻게 만났어요? 친구에 대해 이야기하세요.

순서		내용과 표현
질문에 대한 답	화제	
	설명 1	
추가하면 좋은 내용	설명 2	• 그 친구와 친해진 이유 • 그 친구와 만나서 하는 일

5

🎧 문제 듣기(실제 시험에서는 화면에 문제가 보이지 않습니다.)

어디에 여행을 가 봤어요? 거기에서 뭘 했어요? 여행에 대해 이야기하세요.

순서		내용과 표현
질문에 대한 답	화제	
	설명 1	
추가하면 좋은 내용	설명 2	• 그곳에 여행을 간 이유 • 그곳에 대한 느낌

6

🎧 문제 듣기(실제 시험에서는 화면에 문제가 보이지 않습니다.)

자주 가는 식당이 있어요? 그 식당은 어디에 있어요? 자주 가는 식당에 대해 이야기하세요.

순서		내용과 표현
질문에 대한 답	화제	
	설명 1	
추가하면 좋은 내용	설명 2	• 그 식당에 자주 가는 이유 • 그 식당에서 자주 먹는 음식

7

어느 계절을 좋아해요? 왜 그 계절을 좋아해요? 좋아하는 계절에 대해 이야기하세요.

순서		내용과 표현
질문에 대한 답	화제	
	설명 1	
추가하면 좋은 내용	설명 2	• 그 계절의 날씨 • 그 계절에 하는 일

8

미래의 꿈이 뭐예요? 언제부터 그 꿈이 있었어요? 꿈에 대해 이야기하세요.

순서		내용과 표현
질문에 대한 답	화제	
	설명 1	
추가하면 좋은 내용	설명 2	• 그 꿈을 가지게 된 이유 • 그 꿈을 이루기 위해 하고 있는 일

보통 주말에 뭘 해요? 이번 주말에 뭘 할 거예요? 주말에 대해 이야기하세요.

순서		내용과 표현
질문에 대한 답	화제	
추가하면 좋은 내용	설명 1	• 주말마다 하는 일 • 주말에 자주 가는 곳
질문에 대한 답	설명 2	

※ 질문에 대한 답과 답 사이에 내용을 추가할 수도 있습니다.

10

왜 한국어를 배워요? 한국어 공부가 어때요? 한국어 공부에 대해 이야기하세요.

순서		내용과 표현
질문에 대한 답	화제	
추가하면 좋은 내용	설명 1	• 한국어 공부를 시작한 때 • 한국어를 배운 뒤 하고 싶은 일
질문에 대한 답	설명 2	

※ 질문에 대한 답과 답 사이에 내용을 추가할 수도 있습니다.

유형 2 그림 보고 역할 수행하기

01 쏙쏙, 유형 맛보기

1. 시험 진행

| 안내 듣기 | 그림 보며 문제 듣기
(지시문과 질문) | 그림 보며 준비
(30초) | 대답
(40초) |

2. 유형 안내

① 그림이 나오는 문제입니다. 그림을 보면서 그림 속 상황과 역할에 대한 설명을 듣고 질문을 받은 사람이 되어서 대답합니다.

② 초급 수준으로 출제되며 점수는 9점입니다.

③ 30초 동안 대답을 준비한 후에 40초 동안 대답합니다.

유형	난이도	점수	준비 시간	대답 시간
그림 보고 역할 수행하기	초급	9점	30초	40초

3. 과제 분석

① 일상생활에서 자주 접하는 상황이 질문과 함께 그림으로 주어집니다. 요청하기, 안내하기, 소개하기, 추천하기의 방식으로 대답해야 합니다.

② 주로 주거 환경, 쇼핑, 공공시설, 대중교통 등이 화제로 제시됩니다.

상황	화제
• 일상생활에서 접하는 질문에 대답하기 　– 요청하기 　– 안내하기 　– 소개하기 　– 추천하기	• 주거 환경 • 쇼핑 • 공공시설 • 대중교통

4. 평가 내용

과제 수행	• 주어진 역할에 맞게 대답했는가? • 그림에 있는 내용을 모두 말했는가?
어휘 · 문법 사용	• 역할 수행에 필요한 어휘와 문법을 사용했는가? • 상황과 상대에 맞는 표현을 적절하게 사용했는가?
의미 전달력	• 발음이 정확한가? • 억양이 자연스러운가? • 속도가 적절한가?

1. 단계별 전략 이해 (Q2-1/A2-1)

1) '유형 2' 안내를 들으세요.

유형마다 준비 시간과 대답 시간이 다릅니다. 몇 초 동안 준비하고 대답해야 하는지 확인하세요.

🎧 안내 듣기 → 그림 보며 문제 듣기 → 그림 보며 준비(30초) → (삐-) 대답(40초)

> 2번. 그림을 보고 질문에 대답하십시오.
> 30초 동안 준비하십시오.
> '삐' 소리가 끝나면 40초 동안 말하십시오.

2) 그림을 보면서 문제를 잘 들으세요. (화면에는 문제가 보이지 않습니다. 그림만 보입니다.)

지시문(Ⓐ)과 질문(Ⓑ)을 듣고 대화 상황과 맡은 역할을 파악하세요.

안내 듣기 → 🎧 그림 보며 문제 듣기 → 그림 보며 준비(30초) → (삐-) 대답(40초)

백화점에 옷을 교환하러 갔습니다. 직원에게 원하는 것을 이야기하세요. ⋯⋯⋯⋯ Ⓐ

직원: 어떻게 오셨습니까? ⋯⋯⋯⋯⋯⋯⋯⋯⋯⋯⋯⋯⋯⋯⋯⋯⋯⋯⋯⋯⋯⋯ Ⓑ

3) 그림을 보면서 대답을 준비하세요.

① 그림에 있는 내용을 모두 설명할 수 있도록 키워드를 메모하세요.
② 상대에게 말하고 싶은 것(요청, 추천 등)을 전달하는 표현을 사용하세요.

안내 듣기 → 그림 보며 문제 듣기 → ✎ 그림 보며 준비(30초) → (삐-) 대답(40초)

순서	내용	표현
상황	• 원하는 것: 치마를 바꾸고 싶다	• A-(으)ㄴ데 ┃ V-는데
이유	• 입다, 작다	• A/V-아/어 보니까
요청	• 더 큰 사이즈 • 색깔: 노란색 → 파란색 • 영수증	• A/V-아/어 주다

4) 준비한 내용을 말하세요.

의미가 잘 전달되도록 정확한 발음으로 크게 이야기하세요.

안내 듣기 → 그림 보며 문제 듣기 → 그림 보며 준비(30초) → 🎤 (삐-) 대답(40초)

순서	모범 답안
상황	치마를 바꾸고 싶은데요.
이유	여기에서 이 치마를 샀는데 집에 가서 입어 보니까 좀 작아서 불편해요.
요청	더 큰 사이즈로 좀 바꿔 주세요. 그리고 색깔도 바꾸고 싶은데 파란색 치마로 주시겠어요? 영수증은 여기 있어요.

2. 상황별 핵심 전략 (Q2-1/A2-1~Q2-2/A2-2)

'유형 2'에서는 필요한 것을 요청하는 문제, 어떤 것을 안내하거나 소개하고 추천하는 문제가 출제됩니다. 상황별로 어떻게 대답을 준비해야 하는지 알아 두세요.

상황 1　필요한 것을 요청하는 문제

① 백화점이나 식당에서 직원에게 필요한 것을 말하는 문제입니다.
② 문제를 들을 때 그림 속 대화 상황과 요청할 내용을 잘 파악해야 합니다.

> 🎧 **문제 듣기(실제 시험에서는 화면에 문제가 보이지 않습니다. 그림만 보입니다.)**
>
> 백화점에 옷을 교환하러 갔습니다. 직원에게 원하는 것을 이야기하세요.
>
>
>
> **직원:** 어떻게 오셨습니까?

표현 Tip　이렇게 대답해 보세요!

① 먼저 요청을 하게 된 상황과 이유를 설명하세요.
② 그림에 나타난 사항을 빠짐없이 모두 요청하세요.
③ 요청하는 표현을 쓰세요. 예 V-아/어 주세요, V-아/어 주시겠어요?

순서	모범 답안
상황	**요청하게 된 상황 설명하기** 예 치마를 바꾸고 싶은데요.
이유	**요청하게 된 이유 설명하기** 예 여기에서 이 치마를 샀는데 집에 가서 입어 보니까 좀 작아서 불편해요.
요청	**필요한 것 요청하기** 예 더 큰 사이즈로 좀 바꿔 주세요. 그리고 색깔도 바꾸고 싶은데 파란색 치마로 주시겠어요? 영수증은 여기 있어요.

※ 앞에서 공부한 문제이지요? 배운 내용을 떠올리면서 소리 내어 읽어 보세요.

상황 2 길 안내나 소개 · 추천을 하는 문제

① 길을 안내하거나 여행지나 식당 등을 소개하고 추천하는 문제입니다.

② 문제를 들을 때 그림 속 대화 상황과 추천할 내용을 잘 파악해야 합니다.

🎧 **문제 듣기(실제 시험에서는 화면에 문제가 보이지 않습니다. 그림만 보입니다.)**

친구와 이야기하고 있습니다. 친구에게 여행지를 추천하세요.

친구: 고향 친구가 한국에 왔는데 어디로 놀러 가면 좋을까?

표현 Tip 이렇게 대답해 보세요!

① 안내하거나 소개 · 추천하는 것이 무엇인지 말한 후에 자세하게 설명하세요.

② 그림에 나타난 사항을 빠짐없이 모두 설명하세요. **예** 특징, 추천하는 이유 등

③ 안내하는 표현과 추천하는 표현을 쓰세요.

  • 길을 안내하는 표현 **예** N을/를 타세요, N(으)로 가면 N이/가 있어요

  • 대상을 소개하고 추천하는 표현 **예** V-아/어 보세요, V-아/어 봐

④ 대화하는 두 사람이 친구 사이라면 반말로 답해도 됩니다.

순서	모범 답안
소개	**간단하게 소개하기** **예** 남산 한옥 마을에 가 보는 건 어때?
자세한 설명	**자세하게 설명하기** **예** 한국의 옛날 집을 볼 수 있는 곳이야. 한옥을 구경하면서 한국 전통문화도 알 수 있고 한복도 입어 볼 수 있어.
추천	**제안하기** **예** 외국인들한테 인기가 많은 곳이니까 거기 한번 가 봐.

03 쓱쓱, 표현 익히기

1. 화제별 어휘

1) 집

어휘	영어	중국어	일본어
가구	furniture	家具	家具
가전제품	home appliances	家电	家電製品
방	room	房间	部屋
아파트	apartment	住宅楼	マンション
원룸	one-room	单间公寓	ワンルーム
보증금	security deposit	保证金、押金	保証金
+ 전세	rent; lease	全租房	貸切
+ 월세	monthly rent	月租房	家賃
가깝다(↔ 멀다)	to be close(↔ far away)	近(↔ 远)	近い(↔ 遠い)
교통이 편리하다	to be convenient for transportation	交通便利	交通が便利だ

2) 쇼핑

어휘	영어	중국어	일본어
길이	length	长度	長さ
색깔	color	颜色	色
영수증	receipt	收据、发票	領収書、レシート
세일	sale, discount	打折	セール
사이즈(≒ 치수)	size, measurement	尺寸(≒ 尺码)	サイズ
사다(≒ 구입하다)	to buy	买(≒ 购买)	買う(≒ 購入する)
싸다(↔ 비싸다)	to be cheap(↔ expensive)	便宜(↔ 昂贵)	安い(↔ 高い)
어울리다	to suit	适合	似合う
바꾸다(≒ 교환하다)	to change(≒ replace)	改变、换	変える(≒ 交換する)
+ 환불하다	to refund	退款	払い戻す、返金する

3) 분실물 센터

어휘	영어	중국어	일본어
분실물	lost article	失物	忘れ物
신분증	identification card	身份证	身分証明書
신용 카드	credit card	信用卡	クレジットカード
운전면허증	driver's license	驾照	運転免許証
놓고 오다(≒ 두고 오다)	to leave behind	落下(≒ 留下)	置いておく
떨어뜨리다	to drop	掉落	落とす
잃어버리다(≒ 분실하다)	to lose something	丢失(≒ 遗失)	失くす(≒ 紛失する)
찾다	to look for	寻找、查找	探す
확인하다	to check	确认	確かめる

4) 우체국

어휘	영어	중국어	일본어
상자	box	箱子	箱
소포	parcel	包裹	小包
요금	charge	费用	料金
주소	address	地址	住所
깨지기 쉽다	to be fragile	易碎	割れやすい
들어 있다	to be in	含有	入っている
포장하다	to pack up	包装	包装する
우편물을 보내다	to send mail	发邮件、寄包裹	郵便物を送る
+ 배로 보내다	to send by ship	船运	船で送る
+ 비행기로 보내다	to send by air	空运	飛行機で送る

5) 식당

어휘	영어	중국어	일본어
맛집	good restaurant	美食店	おいしい店
메뉴	menu	菜单	メニュー
분위기	atmosphere, mood	气氛	雰囲気
예약자	reserved guest	预约者	予約者
인원	number of people	人员	人員
직원	employee	职员	従業員
추천	recommendation	推荐	推薦、おすすめ
기다리다	to wait	等待	待つ
깨끗하다	to be clean	干净	きれいだ
넓다	to be broad	宽敞	広い
변경하다	to change	变更	変更する
주문하다	to order	点餐、下单	注文する
서비스가 좋다	to have a good service	服务好	サービスがよい
인기가 있다	to be popular	受欢迎	人気がある
줄을 서다	to line up	排队	並ぶ

6) 호텔

어휘	영어	중국어	일본어
뷔페	buffet	自助餐	バイキング料理
시설	facilities	设施	施設
전망	outlook	视野	展望
조식	breakfast	早饭	朝食
체크인 (↔ 체크아웃)	checkin(↔ checkout)	开房(↔ 退房)	チェックイン (↔ チェックアウト)
묵다	to stay overnight	住宿	泊まる

7) 대중교통과 길 찾기

어휘	영어	중국어	일본어
정거장	station	停车场	停車場
+ 버스 정류장	bus stop	公共汽车站	バス停
+ 지하철역	subway station	地铁站	地下鉄駅
사거리	crossroads	十字路口	十字路
횡단보도	pedestrian crossing	人行横道	横断歩道
입구	entrance	入口	入口
출구	exit	出口	出口
건너편(≒ 맞은편)	opposite side	对过、对面	向かい側
앞(↔ 뒤)	front(↔ back)	前面(↔ 后面)	前(↔ 後)
옆	next to	旁边	隣、横
왼쪽(↔ 오른쪽)	left(↔ right)	左边(↔ 右边)	左(↔ 右)
건너다	to cross (over)	穿过(马路)	渡る
돌다	to go round, to turn	转	回る
내리다	to get off	下	降りる
(차를) 세우다	to stop a car	停靠	(車を)止める
(시간이) 걸리다	to take a long time	(时间)花费	(時間が)かかる
갈아타다	to transfer	换乘	乗り換える
쭉 가다(≒ 곧장 가다)	to go straight	直走(≒ 径直)	直進する

2. 기능별 표현

1) 뒤의 말과 관련된 상황을 설명하는 표현

- A-(으)ㄴ데 | V-는데 | N인데 | A/V-았/었는데 ➡ **문장과 문장을 연결할 때**
  - 예 바지가 좀 작은데 더 큰 걸로 바꿔 주세요.

    동대문 시장은 밤에도 문을 여는데 거기는 어때요?

    그 카페는 요즘 인기 있는 곳인데 거기에 한번 가 보세요.

    가방을 잃어버렸는데 좀 찾아 주세요.

- A-(으)ㄴ데요 | V-는데요 | N인데요 | A/V-았/었는데요 ➡ **문장을 끝낼 때**
  - 예 통장을 좀 만들고 싶은데요.

    지갑을 잃어버려서 찾고 있는데요.

2) 필요한 것을 요청하는 표현

- V-아/어 주세요
  - 예 선물할 거니까 예쁘게 싸 주세요.

    빨리 도착하는 걸로 소포를 보내 주세요.

    지하철역에서 가까운 집을 보여 주세요.

- V-아/어 주시겠어요?
  - 예 3시까지 저희 학교 앞까지 와 주시겠어요?

    가까운 약국을 좀 가르쳐 주시겠어요?

    예약 시간을 좀 변경해 주시겠어요?

3) 조건이나 의무임을 나타내는 표현

- A/V-아/어야 해요
  - 예 집이 깨끗하고 학교에서 가까워야 해요.

    신분증이 들어 있어서 지갑을 꼭 찾아야 해요.

4) 어떤 대상을 소개하거나 추천하는 표현

- V-아/어 보세요
  - 예 학교 근처에 있는 맛집에 한번 가 보세요.

    친구하고 한옥마을을 구경해 보세요.

- V-는 게/거/건 어때요?
  - 예 인터넷으로 집을 찾는 게 어때요?

    학교 도서관에서 공부하는 거 어때요?

    가족들과 공연을 보러 가는 건 어때요?

5) 추측을 나타내는 표현

- A/V-(으)ㄹ 것 같아요
  - 예 주말에는 아마 영화표가 없을 것 같아요.
  - 저희가 식당에 좀 늦게 도착할 것 같아요.
- A/V-(으)ㄹ 거예요
  - 예 거기에 가면 구경할 것이 많아서 재미있을 거예요.
  - 남산은 야경이 예뻐서 친구들도 좋아할 거예요.

6) 길을 설명하는 표현

- V-(으)면 N이/가 나와요(/보여요)
  - 예 2번 출구로 나와서 10분쯤 걸으면 사거리가 나와요.
  - 다음 횡단보도에서 길을 건너면 오른쪽에 공원이 보여요.
- V-다가 V-아/어야 해요 │ V-다가 V-세요
  - 예 지하철 4호선을 타고 가다가 1호선으로 갈아타야 해요.
  - 이 길로 쭉 가다가 횡단보도를 건너서 왼쪽으로 가세요.

7) 반말 표현

- 설명: A/V-아/어 │ N(이)야 │ A/V-았/었어
  - 예 한국 문화를 체험할 수 있는 프로그램이 많아.
  - 나는 수요일마다 한국 친구하고 한국어를 연습해.
  - 그 영화는 요즘 제일 인기 있는 영화야.
  - 지난주에 유명한 맛집에 가서 저녁을 먹었어.
- 의문: A/V-아/어? │ N(이)야? │ A/V-았/었어?
  - 예 여기는 왜 이렇게 책이 많아?
  - 너는 매운 음식을 먹을 수 있어?
- 명령: V-아/어
  - 예 길을 잘 못 찾으면 나한테 전화해.
  - 공연 표가 매진되기 전에 빨리 예매해.
- 제안: V-자
  - 예 내일 수업이 끝난 뒤에 같이 쇼핑하자.
  - 길이 막히니까 지하철을 타고 가자.
- 대답: 응(↔ 아니)
  - 예 가: 분위기 좋은 카페를 알아?
  - 나: 응, 여기 근처에 정말 예쁜 카페가 있어.
  - 예 가: 삼계탕을 먹어 본 적이 있어?
  - 나: 아니, 한 번도 안 먹어 봤어.

3. 실력 UP! 발음 확인 (P2)

 연음 | 받침 뒤에 모음이 올 때는 다음과 같이 발음합니다. 단어와 문장을 따라 읽으면서 연음의 발음을 연습해 보세요.

1) 받침 + 모음

받침 뒤에 모음이 오면 받침을 뒤 음절의 첫소리로 옮겨 발음하세요.

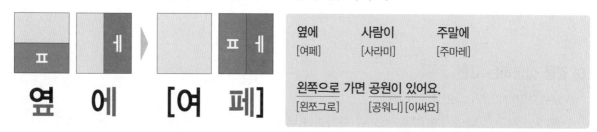

옆에   사람이   주말에
[여페]   [사라미]   [주마레]

왼쪽으로 가면 공원이 있어요.
[왼쪼그로]   [공워니] [이써요]

2) 겹받침 + 모음

겹받침 뒤에 모음이 오면 겹받침의 첫 번째 자음은 받침으로 발음하고 두 번째 자음만 뒤 음절의 첫소리로 옮겨 발음하세요.

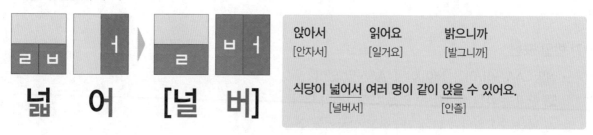

앉아서   읽어요   밝으니까
[안자서]   [일거요]   [발그니까]

식당이 넓어서 여러 명이 같이 앉을 수 있어요.
[널버서]   [안즐]

단, 겹받침의 두 번째 자음이 ㅅ이라면 ㅅ을 경음 [ㅆ]으로 발음하세요.

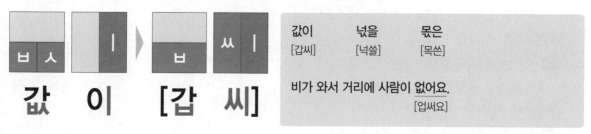

값이   넋을   몫은
[갑씨]   [넉쓸]   [목쓴]

비가 와서 거리에 사람이 없어요.
[업써요]

3) 받침 ㅎ + 모음 → 예외

받침 ㅎ 뒤에 모음이 오는 경우에는, ㅎ을 발음하지 마세요. 이때의 ㅎ은 연음되지 않습니다.

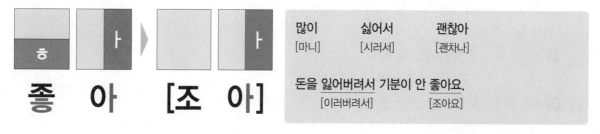

많이   싫어서   괜찮아
[마니]   [시러서]   [괜차나]

돈을 잃어버려서 기분이 안 좋아요.
[이러버려서]   [조아요]

4. 등급 UP! 체크리스트

☑ 그림에 있는 내용을 모두 말했어요?

• 그림에 있는 내용이나 정보를 모두 설명해야 합니다.
• 대답을 준비할 때 빠진 것이 없는지 확인하세요.

〈 설명할 순서 생각하기 〉

① 사이즈
② 색깔
③ 영수증

☑ 상황을 자세하게 설명했어요?

• 요청을 할 때는 이유를, 안내 · 소개 · 추천을 할 때는 대상에 대한 특징을 제시해야 합니다.
• 대답 시간 40초가 남지 않도록 자세히 설명하세요.

상황 + 이유 + 요청

안내 · 소개 · 추천 + 대상의 특징

☑ 대화 상대에 맞는 표현을 사용했어요?

• 상대에 맞게 공손한 표현을 사용해야 합니다.
• 관계를 확인한 후 알맞은 종결 어미(A/V-아/어요, A/V-아/어)로 말하세요.

• 예약 시간을 좀 바꿔 주시겠어요? ➡ 직원에게 부탁 ➡ 친하지 않은 사람 ➡ 공손한 표현
• 학교 앞 카페에 한번 가 봐. ➡ 친구에게 추천 ➡ 친한 사람 ➡ 반말 표현

☑ 문법 표현을 정확하게 사용했어요?

• 문법 표현을 정확하게 사용해야 이야기를 잘 전달할 수 있습니다.
• 틀리기 쉬운 표현에 주의하면서 대답하세요.

〈 틀리기 쉬운 표현 〉

1. N(으)로
    • 사거리에서 오른쪽으로 가세요. ➡ [방향](으)로 가다/오다
        → 사거리에서 오른쪽에 가세요. (X)
    • 지하철로 오세요. ➡ [수단 · 방법](으)로
        → 지하철로 타고 오세요. (X)
        → 지하철을 타고 오세요. (O)

2. '요청 · 추천 · 제안 · 명령'의 이유를 나타내는 표현
    • 이 치마가 좀 작은데 큰 걸로 바꿔 주세요.
        → 이 치마가 좀 작아서 큰 걸로 바꿔 주세요. (X) ➡ A/V-아/어서 (X)
    • 남산은 경치가 좋으니까 한번 가 봐.
        → 남산은 경치가 좋아서 한번 가 봐. (X) ➡ A/V-아/어서 (X)
    ➡ '요청 · 추천 · 제안 · 명령'의 이유를 말할 때, 'A/V-아/어서'는 쓸 수 없어요.

04 쑥쑥, 기술 완성하기

1. 기본 문제 (Q2-3/A2-3)

🎧 듣기

2번. 질문을 듣고 대답하십시오.
30초 동안 준비하십시오.
'삐' 소리가 끝나면 40초 동안 말하십시오.

🎧 **(실제 시험에서는 화면에 문제가 보이지 않습니다. 그림만 보입니다.)**

식당 예약을 변경하려고 합니다. 식당에 전화해서 예약을 변경하세요.

식당 주인(또는 직원): 네, 하늘 식당입니다.

메모

1) 화제:
....

2) 관계:
....

3) 예약한 내용: 예약자 박서준, 이번 주 금요일 저녁 7시, 6명 예약
....

4) 변경할 내용: 저녁 7시 반, 10명 예약
....

메모 확인   1) 식당 예약 변경   2) 식당 주인(또는 직원)과 손님

✎ 준비(30초)

순서	내용과 표현
상황	
요청과 이유	

🎤 대답(40초)

< 점수를 높이는 체크리스트 >

※ 나의 대답이 적절한지 확인해 보세요.

그림에 있는 내용을 모두 말했어요? ☐

상황을 자세하게 설명했어요? ☐

대화 상대에 맞는 표현을 사용했어요? ☐

문법 표현을 정확하게 사용했어요? ☐

발음, 억양, 속도가 자연스러웠어요? ☐

'1. 기본 문제'까지 충분히 공부했나요? 이제 '2. 연습 문제'는 다음과 같이 풀어 보세요.

• 답변할 내용 중에서 중요한 단어, 즉 '키워드'를 답안 박스에 써 보세요.

• 키워드를 이용해 소리 내어 답변하며 완성된 문장을 만들어 보세요.

• 자신의 답변을 녹음한 후 '정답 및 해설'의 모범 답안과 비교해 보면 더욱 좋습니다.

2. 연습 문제 (Q2-4/A2-4~Q2-13/A2-13)

1

🎧 문제 듣기(실제 시험에서는 화면에 문제가 보이지 않습니다. 그림만 보입니다.)

지하철 분실물 센터에 분실물을 찾으러 갔습니다. 분실물에 대해 이야기하세요.

직원: 어떻게 오셨습니까?

순서	내용과 표현
상황과 이유	
요청	

2

🎧 문제 듣기(실제 시험에서는 화면에 문제가 보이지 않습니다. 그림만 보입니다.)

부동산에 집을 구하러 갔습니다. 찾고 있는 집에 대해 이야기하세요.

직원: 무슨 일로 오셨습니까?

순서	내용과 표현
상황과 이유	
요청	

③

길을 물어보는 사람이 있습니다. 그 사람에게 한국 병원의 위치를 설명하세요.

지나가던 사람: 실례합니다. 한국 병원에 가
려면 왼쪽으로 가면 돼요?

순서	내용과 표현
소개	
자세한 설명	

④

식당에 있습니다. 직원에게 음식을 주문하세요.

직원: 손님, 뭘 드릴까요?

순서	내용과 표현
상황	
요청과 이유	

5

PART 01

🎧 **문제 듣기(실제 시험에서는 화면에 문제가 보이지 않습니다. 그림만 보입니다.)**

등산화 가게에 왔습니다. 사고 싶은 등산화를 점원에게 이야기하세요.

· 가볍다
· 발이 편하다
· 미끄럽지 않다
· 밝은 색
· 사이즈 240

점원: 어서 오세요. 뭘 찾으세요?

순서	내용과 표현
상황과 이유	
요청	

6

🎧 **문제 듣기(실제 시험에서는 화면에 문제가 보이지 않습니다. 그림만 보입니다.)**

학교 친구와 이야기를 하고 있습니다. 친구에게 카페를 추천하세요.

대추차
분위기 ★★★
맛 ★★★

친구: 고향에서 친구가 왔는데 어느 카페에 가면 좋을까?

순서	내용과 표현
소개	
자세한 설명	
추천	

7

보일러가 고장이 났습니다. 고객 센터 상담원에게 이야기하세요.

상담원: 한국 보일러 고객 센터입니다. 뭘 도와 드릴까요?

순서	내용과 표현
상황과 이유	
요청	

8

호텔을 예약하려고 합니다. 호텔에 전화해서 이야기하세요.

직원: 네, 행복 호텔입니다.

순서	내용과 표현
상황	
요청과 이유	

9

🎧 문제 듣기(실제 시험에서는 화면에 문제가 보이지 않습니다. 그림만 보입니다.)

친구가 한국 미술관에 가려고 합니다. 친구에게 미술관에 가는 방법을 설명하세요.

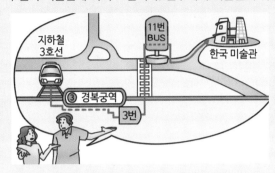

친구: 민호 씨, 여기에서 한국 미술관까지
가려면 어떻게 가야 돼요?

순서	내용과 표현
소개	
자세한 설명	

10

🎧 문제 듣기(실제 시험에서는 화면에 문제가 보이지 않습니다. 그림만 보입니다.)

친구에게 서울 시티 투어 버스를 추천하세요.

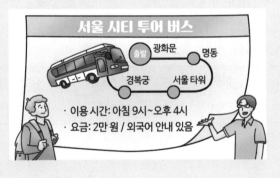

친구: 고향에서 가족들이 오는데 서울에서
어디를 구경하면 좋을까?

순서	내용과 표현
소개	
자세한 설명	
추천	

유형 3 그림 보고 이야기하기

01 쏙쏙, 유형 맛보기

1. 시험 진행

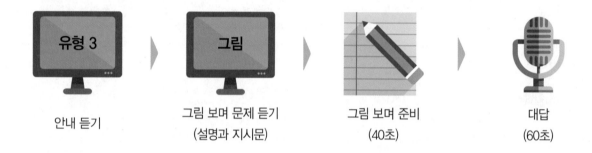

| 안내 듣기 | 그림 보며 문제 듣기 (설명과 지시문) | 그림 보며 준비 (40초) | 대답 (60초) |

2. 유형 안내

① 4장의 그림이 나오는 문제입니다. 그림 속의 사건을 순서대로 설명해서 이야기를 완성해야 합니다.

② 중급 수준으로 출제되며 점수는 12점입니다.

③ 40초 동안 대답을 준비한 후에 60초 동안 대답합니다.

유형	난이도	점수	준비 시간	대답 시간
그림 보고 이야기하기	중급	12점	40초	60초

3. 과제 분석

① 일상에서 경험할 수 있는 다양한 상황이 연속된 그림으로 주어집니다. 시간의 흐름이나 원인과 결과에 따라 설명해야 합니다.

② 주로 학교와 직장에서 일어나는 일과 여가 · 문화생활과 관련된 일이 화제로 제시됩니다.

상황	화제
• 일상의 다양한 경험 설명하기 　– 시간의 흐름에 따라 설명하기 　– 원인과 결과에 따라 설명하기	• 학교생활 • 직장 생활 • 여가 · 문화생활

4. 평가 내용

과제 수행	• 그림의 순서에 따라 사건을 설명하고 이야기를 완성했는가? • 각 그림 속 인물의 행동과 상황을 모두 말했는가?
어휘 · 문법 사용	• 상황과 사건 설명에 필요한 표현을 사용했는가? • 인물의 행동과 감정을 묘사하는 표현을 사용했는가?
의미 전달력	• 발음이 정확한가? • 억양이 자연스러운가? • 속도가 적절한가?

1. 단계별 전략 이해 (Q3-1/A3-1)

1) '유형 3' 안내를 들으세요.

유형마다 준비 시간과 대답 시간이 다릅니다. 몇 초 동안 준비하고 대답해야 하는지 확인하세요.

🎧 안내 듣기 → 그림 보며 문제 듣기 → 그림 보며 준비(40초) → (삐-) 대답(60초)

> 3번. 그림을 보고 순서대로 이야기하십시오.
> 40초 동안 준비하십시오.
> '삐' 소리가 끝나면 60초 동안 말하십시오.

2) 그림을 보면서 문제를 잘 들으세요. (화면에는 문제가 보이지 않습니다. 그림만 보입니다.)

그림에 대한 설명을 듣고 **인물**과 **상황**을 파악하세요.

안내 듣기 → 🎧 그림 보며 문제 듣기 → 그림 보며 준비(40초) → (삐-) 대답(60초)

3) 그림을 보면서 대답을 준비하세요.

① 4장의 그림 속에 있는 사건을 순서대로 연결해서 말할 수 있도록 키워드를 메모하세요.

② 그림 속에서 누가, 언제, 어디에서, 무엇을, 어떻게, 왜 했는지 확인하세요.

③ 그림 속 상황과 인물의 행동, 감정을 나타낼 수 있는 표현을 사용하세요.

④ 각 그림은 두 문장 정도로 설명하면 적당합니다.

안내 듣기 → 그림 보며 문제 듣기 → ✏️ 그림 보며 준비(40초) → (삐-) 대답(60초)

순서		내용과 표현			
		누가	언제	어디에서	무엇을/어떻게/왜
그림 (1)	사건 시작	마크	시험 일주일 전	도서관	시험공부
그림 (2)	사건 진행		시험 날	시험장	잘 못 보다(A/V-(으)ㄹ까 봐) → 걱정하다, 떨다
그림 (3)			시험 날	시험장	문제를 풀다(A/V-아/어 보니까) → 자신감, 편안하다
그림 (4)	사건 결과		시험 한 달 후	학교	결과 확인, 합격 → 기쁘다, 기분 좋다

4) 준비한 내용을 말하세요.

하나의 완성된 이야기가 되도록 그림과 그림이 자연스럽게 연결되는지 생각하며 말하세요.

안내 듣기 → 그림 보며 문제 듣기 → 그림 보며 준비(40초) → 🎤 (삐-) 대답(60초)

순서		모범 답안
그림 (1)	사건 시작	토픽 시험이 일주일밖에 남지 않았어요. 마크 씨는 도서관에 가서 열심히 시험공부를 했어요.
그림 (2)	사건 진행	드디어 토픽 시험을 보는 날이 되었어요. 시험이 시작되기 전에 시험을 잘 못 볼까 봐 걱정이 되고 떨렸어요.
그림 (3)		하지만 시험이 시작되고 문제를 풀어 보니까 생각보다 어렵지 않았어요. 자신감이 생겨서 편안한 마음으로 시험을 볼 수 있었어요.
그림 (4)	사건 결과	한 달 후에 시험 결과를 확인했어요. 마크 씨는 4급에 합격해서 정말 기뻤고 친구들에게 축하를 받아서 기분이 더 좋았어요.

2. 상황별 핵심 전략 (Q3-1/A3-1~Q3-2/A3-2)

'유형 3'에서는 시간의 흐름에 따라 설명하는 문제, 원인과 결과에 따라 설명하는 문제가 출제됩니다. 4장의 그림을 어떻게 연결해서 말해야 하는지, 각 그림에서 무엇을 설명해야 하는지 알아 두세요.

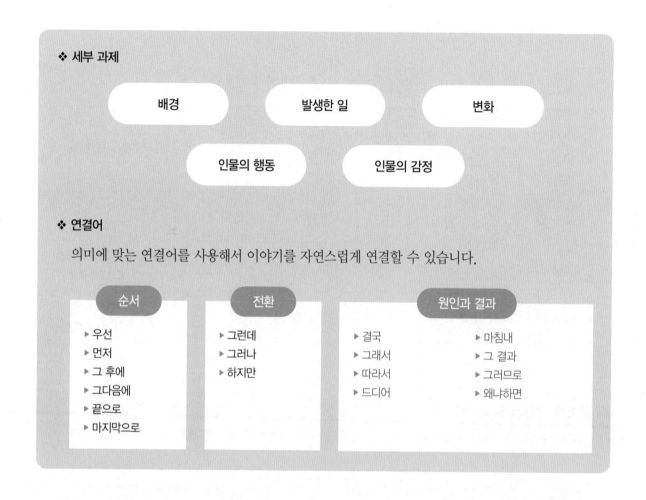

❖ 세부 과제

| 배경 | 발생한 일 | 변화 |

| 인물의 행동 | 인물의 감정 |

❖ 연결어

의미에 맞는 연결어를 사용해서 이야기를 자연스럽게 연결할 수 있습니다.

순서	전환	원인과 결과	
▶ 우선	▶ 그런데	▶ 결국	▶ 마침내
▶ 먼저	▶ 그러나	▶ 그래서	▶ 그 결과
▶ 그 후에	▶ 하지만	▶ 따라서	▶ 그러므로
▶ 그다음에		▶ 드디어	▶ 왜냐하면
▶ 끝으로			
▶ 마지막으로			

① 시간의 흐름에 따라 사건이 진행되는 문제는 그림의 순서와 시간의 순서가 같습니다.

② 그림에 특별한 시간 표현이 없는 경우에는 앞 그림의 시간을 기준으로 생각하면 됩니다.

🎧 문제 듣기(실제 시험에서는 화면에 문제가 보이지 않습니다. 그림만 보입니다.)

마크 씨가 토픽 시험을 준비합니다. 마크 씨에게 무슨 일이 있었는지 이야기하세요.

(1)	(2)	(3)	(4)

표현 Tip **이렇게 대답해 보세요!**

① 누가, 언제, 어디에서, 무엇을 하는지 기본적인 배경을 먼저 설명하세요.

② 발생한 일과 그 일의 변화를 정확하게 설명하세요.

③ 상황이 전환될 때 '그런데, 하지만'과 같은 말로 연결합니다.

④ 인물의 감정을 알 수 있는 그림에서는 감정을 말하세요. 특히 이야기의 결말에서 인물의 감정을 말하면 좋습니다.

순서		모범 답안
그림 (1)	사건 시작	**기본적인 배경(인물, 시간, 장소, 상황) 소개하기** 예 토픽 시험이 일주일밖에 남지 않았어요. 마크 씨는 도서관에 가서 열심히 시험 공부를 했어요.
그림 (2)	사건 진행	**발생한 일 말하기** 예 드디어 토픽 시험을 보는 날이 되었어요. 시험이 시작되기 전에 시험을 잘 못 볼까 봐 걱정이 되고 떨렸어요.
그림 (3)		**일의 변화 말하기** 예 하지만 시험이 시작되고 문제를 풀어 보니까 생각보다 어렵지 않았어요. 자신감이 생겨서 편안한 마음으로 시험을 볼 수 있었어요.
그림 (4)	사건 결과	**결말과 감정 말하기** 예 한 달 후에 시험 결과를 확인했어요. 마크 씨는 4급에 합격해서 정말 기뻤고 친구들에게 축하를 받아서 기분이 더 좋았어요.

※ 앞에서 공부한 문제이지요? 배운 내용을 떠올리면서 소리 내어 읽어 보세요.

원인과 결과에 따라 설명하는 문제

① 원인과 결과가 중심이 되는 문제는 결과가 먼저 나온 후에 원인이 나올 수 있기 때문에 그림과 시간의 순서가 다른 경우도 있습니다.

② 그림이 시간 순서대로 제시되지 않았다면, 어떤 그림이 원인이 되고 결과가 되는지 먼저 확인해 보세요.

🎧 **문제 듣기(실제 시험에서는 화면에 문제가 보이지 않습니다. 그림만 보입니다.)**

은지 씨가 회사에 있습니다. 은지 씨에게 무슨 일이 있었는지 이야기하세요.

표현 Tip **이렇게 대답해 보세요!**

① 누가, 언제, 어디에서, 무엇을 하는지 기본적인 배경을 먼저 설명하세요.

② 발생한 일과 그 일의 변화를 정확하게 설명하세요.

③ 상황이 전환될 때 '그런데, 하지만'과 같은 말로 연결합니다.

④ 인물의 감정을 알 수 있는 그림에서는 감정을 말하세요. 특히 이야기의 결말에서 인물의 감정을 말하면 좋습니다.

순서		모범 답안
그림 (1)	사건 시작	**기본적인 배경(인물, 시간, 장소, 상황)과 발생한 일 말하기** 예 은지 씨는 오늘 오전에 회사에서 택배를 받았어요. 회사에 비누가 1,000개나 배달되어서 택배를 보고 깜짝 놀랐어요.
그림 (2)	사건 진행	**원인 말하기** 예 어제 은지 씨는 인터넷으로 비누를 주문했어요. 100개를 주문한다는 게 1,000개를 주문해 버려서 택배가 잘못 왔어요.
그림 (3)		**일의 변화 말하기** 예 주문을 취소하려고 했지만 취소할 수 없었어요. 은지 씨는 속상해서 오후에 자기가 실수한 이야기를 SNS에 썼어요.
그림 (4)	사건 결과	**결말과 감정 말하기** 예 그런데 SNS를 본 사람들이 은지 씨에게 연락을 했어요. 사람들이 비누를 사 주겠다고 해서 은지 씨는 정말 고마웠어요.

1. 감정 어휘

1) 긍정적 감정

어휘	영어	중국어	일본어
감동하다	to be moved by	感动	感動する
고맙다	be thankful for	感谢	ありがたい
기대하다	to expect	期待	期待する
기분이 좋다	to be pleasant	愉快	気分が良い
기쁘다	to be happy	高兴	うれしい
다행이다	to be lucky	幸好	よかった
만족하다	to be satisfied with	满足	満足する
사랑하다	to love	喜欢、爱	愛する
설레다	to vibrate with joy	激动	どきどきする
신나다	to be joyful	开心、欢乐、愉快	楽しい
안심하다	to feel relieved	安心	安心する
자랑스럽다	to be proud (of)	值得骄傲、自豪	誇らしい
행복하다	to be happy	幸福	幸せだ

2) 부정적 감정

어휘	영어	중국어	일본어
걱정하다	to be worried (about)	忧心、担心	心配する
곤란하다	to have difficulty	困难	困る
괴롭다	to be painful	难受、痛苦	つらい
긴장하다	to get nervous	紧张	緊張する
놀라다	to be surprised	吃惊	驚く
당황하다	to be flustered	慌张	あわてる
무섭다	to be scared	可怕、害怕	怖い
미안하다	to be sorry	抱歉	すまない
부끄럽다	to be shameful	羞愧	恥ずかしい
불안하다	to feel anxiety	不安	不安だ

속상하다	to be upset (about)	伤心	悔しい
슬프다	to be sad	悲伤	悲しい
실망하다	to be disappointed	失望	がっかりする
아쉽다	to be too bad	遗憾、惋惜	残念だ
조마조마하다	to feel anxious	忐忑不安	はらはらする
지루하다	to be bored	无聊	退屈だ
초조하다	to be impatient	焦急	焦る
화가 나다	to get angry	发火、愤怒	腹が立つ
후회하다	to be regretful	后悔	後悔する
힘들다	to be hard work	困难、费劲儿	大変だ

2. 기능별 표현

1) 행동의 순서를 말하는 표현

- V-기 전에
  - 예 노래 대회에 나가기 전에 한 달 정도 연습했어요.
    사람이 많아서 공연장에 들어가기 전에 오래 기다렸어요.
- V-(으)ㄴ 후에(/다음에)
  - 예 퇴근한 후에 동료와 함께 저녁을 먹었어요.
    친구와 영화를 본 다음에 쇼핑을 하기로 했어요.
- V-고 나서
  - 예 친구와 싸우고 나서 민호가 먼저 친구에게 사과했어요.
    시험 결과를 확인하고 나서 엄마에게 전화를 걸었어요.
- V-자마자
  - 예 공항에 도착하자마자 택시를 타고 호텔로 이동했어요.
    매일 수업이 끝나자마자 도서관에 가서 시험 공부를 했어요.
- V-더니
  - 예 제니 씨가 집에 다시 들어오더니 우산을 가지고 나갔어요.
    부장님이 마크 씨의 보고서를 읽으시더니 칭찬을 하셨어요.

2) 반대되는 내용을 말하는 표현

- A/V-아/어도
  예 진호 씨는 아무리 피곤해도 퇴근 후에 운동을 해요.
  친구에게 계속 전화를 걸어도 친구가 전화를 안 받았어요.

- A/V-았/었는데도
  예 시험이 어려웠는데도 마크 씨는 100점을 받았어요.
  약을 먹었는데도 감기가 낫지 않았어요.

- A/V-기는 하지만
  예 옷이 예쁘기는 하지만 비싸서 살까 말까 고민했어요.
  어릴 때 스키를 배우기는 했지만 잘 못 타요.

3) 이유를 말하는 표현

- V-느라(고)
  예 요즘 이사 준비를 하느라 바빠요.
  친구들과 노느라고 엄마의 전화를 못 받았어요.

- V-는 바람에
  예 버스가 늦게 오는 바람에 학교에 지각했어요.
  계단에서 넘어지는 바람에 다리를 다쳤어요.

- A/V-(으)ㄹ까 봐(서)
  예 마크 씨는 시험이 어려울까 봐 걱정했어요.
  주말이라서 길이 막힐까 봐서 일찍 출발했어요.

4) 결과를 말하는 표현

- V-고 말았어요
  예 친구들과 축구를 하다가 넘어지고 말았어요.
  회사에서 발표를 하다가 긴장해서 실수하고 말았어요.

- V-(으)ㄹ 뻔했어요
  예 오늘 아침에 늦잠을 자서 회사에 지각할 뻔했어요.
  약속 장소를 잘못 알아서 친구를 못 만날 뻔했어요.

- V-(으)ㄹ 걸 그랬어요
  예 아침에 우산을 챙겨서 나올 걸 그랬다고 생각했어요.
  택시를 탔는데 길이 막혀서 지하철을 탈 걸 그랬다고 후회했어요.

5) 말을 전하는 표현 → 간접 화법

- A–다고 했어요 ㅣ V–ㄴ/는다고 했어요 ㅣ A/V–았/었다고 했어요

    예 친구가 이번 주말에 바쁘다고 했어요.

    학생들이 시험을 보기 전에 긴장된다고 했어요.

    동생이 지갑을 잃어버렸다고 했어요.

- A/V–냐고 했어요(/물어봤어요) ㅣ A/V–았/었냐고 했어요(/물어봤어요)

    예 친구가 어디에 가고 싶냐고 했어요.

    제니한테 왜 학교에 안 왔냐고 물어봤어요.

- V–자고 했어요 ㅣ V–지 말자고 했어요

    예 부장님이 같이 점심을 먹자고 하셨어요.

    친구가 택시를 타지 말자고 했어요.

- V–(으)라고 했어요 ㅣ V–지 말라고 했어요

    예 친구에게 약속 장소로 빨리 오라고 했어요.

    동생이 잘 지내고 있으니까 걱정하지 말라고 했어요.

- V–아/어 달라고 했어요 ㅣ V–아/어 주라고 했어요

    예 지나가는 사람에게 사진을 찍어 달라고 했어요.

    과장님이 마크 씨한테 신입 사원의 보고서를 고쳐 주라고 했어요.

3. 실력 UP! 발음 확인 (P3)

> **격음화**   'ㅎ'과 'ㄱ, ㄷ, ㅂ, ㅈ'이 만나면 둘을 합쳐서 각각 격음 [ㅋ, ㅌ, ㅍ, ㅊ]으로 발음합니다. 다음을 따라 읽으면서 격음의 발음을 연습해 보세요.

1) ㅎ + ㄱ = [ㅋ]

ㅎ과 ㄱ이 만날 때는 합쳐서 [ㅋ]으로 발음하세요.

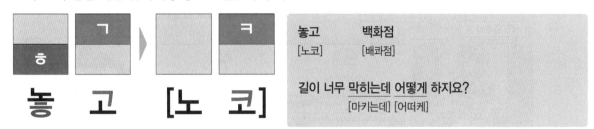

놓고	백화점
[노코]	[배콰점]

길이 너무 막히는데 어떻게 하지요?
[마키는데] [어떠케]

2) ㅎ + ㄷ = [ㅌ]

ㅎ과 ㄷ(받침 ㅅ, ㅊ 포함)이 만날 때는 합쳐서 [ㅌ]으로 발음하세요.

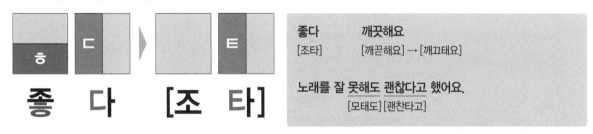

좋다	깨끗해요
[조타]	[깨끋해요] → [깨끄태요]

노래를 잘 못해도 괜찮다고 했어요.
[모태도] [괜찬타고]

3) ㅎ + ㅂ = [ㅍ]

ㅎ과 ㅂ이 만날 때는 합쳐서 [ㅍ]으로 발음하세요.

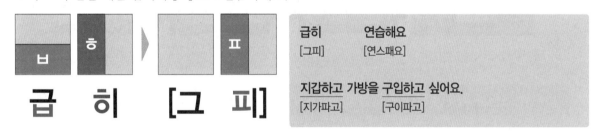

급히	연습해요
[그피]	[연스패요]

지갑하고 가방을 구입하고 싶어요.
[지가파고]   [구이파고]

4) ㅎ + ㅈ = [ㅊ]

ㅎ과 ㅈ이 만날 때는 합쳐서 [ㅊ]으로 발음하세요.

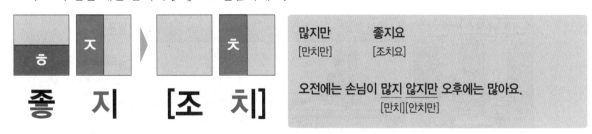

많지만	좋지요
[만치만]	[조치요]

오전에는 손님이 많지 않지만 오후에는 많아요.
[만치][안치만]

4. 등급 UP! 체크리스트

☑ 사건이 일어난 배경을 소개했어요?

• 그림 속 인물이 어떤 상황에 있는지 설명해야 합니다.
• 시간과 장소 등의 배경을 먼저 소개하세요. 그 후 인물이 무엇을, 어떻게, 왜 하는지 설명하면 쉽습니다.

☑ 알맞은 연결어를 사용했어요?

• 연결어를 사용해서 각 그림의 내용을 자연스럽게 연결할 수 있습니다.
• 알맞은 연결어를 선택해서 이야기를 완성하세요.

☑ 각 그림을 비슷한 분량으로 설명했어요?

• 그림에 있는 내용을 서로 비슷한 분량으로 설명하는 것이 좋습니다.
• 각 그림을 두 문장(약 15초) 정도로 설명해서 하나의 이야기를 완성하세요. 대답 시간은 60초입니다.

• 인물의 행동뿐만 아니라 기분이나 감정도 말해야 합니다.
• 감정 어휘를 사용해서 그림 속 상황에서 인물이 어떤 감정을 느꼈는지 설명하세요.

마크 씨는 4급에 합격해서 정말 기뻤고 친구들에게 축하를 받아서 기분이 더 좋았어요.

• 문법 표현을 정확하게 사용해야 이야기를 잘 전달할 수 있습니다.
• 틀리기 쉬운 표현에 주의하면서 대답하세요.

〈 틀리기 쉬운 표현 〉

1. V-느라(고)
   • 공부하느라고 약속을 못 지켰어요. ➡ V-느라고
   → 날씨가 춥느라고 약속을 못 지켰어요. (X)
   → 날씨가 추워서 감기에 걸렸어요. (O)
   ➡ 'V-느라고'만 쓸 수 있어요. 'A-느라고'는 쓸 수 없어요.
   • 잠을 자느라고 전화를 못 받았어요. ➡ 같은 시간에 일어난 일
   → 낮에 커피를 많이 마시느라고 지금 잠이 안 와요. (X)
   → 낮에 커피를 많이 마셔서 지금 잠이 안 와요. (O)
   ➡ 'V-느라고'는 같은 시간에 일어난 일에만 쓸 수 있어요. 결과가 나중에 나타나는 일에는 쓸 수 없어요.

2. V-는 바람에
   • 옷을 얇게 입는 바람에 감기에 걸렸어요. ➡ V-는 바람에
   → 날씨가 추운 바람에 감기에 걸렸어요. (X)
   → 날씨가 추운 탓에 감기에 걸렸어요. (O)
   ➡ 'V-는 바람에'만 쓸 수 있어요. 'A-(으)ㄴ 바람에'는 쓸 수 없어요.
   • 늦잠을 자는 바람에 지각했어요. ➡ 과거의 일 + V-는 바람에
   → 늦잠을 잔 바람에 지각했어요. (X)
   ➡ 과거의 일에도 'V-는 바람에'를 쓰세요. 'V-(으)ㄴ 바람에'는 쓸 수 없어요.

1. 기본 문제 (Q3-3/A3-3)

🎧 듣기

> 3번. 그림을 보고 순서대로 이야기하십시오.
>
> 40초 동안 준비하십시오.
>
> '삐' 소리가 끝나면 60초 동안 말하십시오.

🎧 (실제 시험에서는 화면에 문제가 보이지 않습니다. 그림만 보입니다.)

마크 씨가 야구장에 가려고 합니다. 마크 씨에게 무슨 일이 있었는지 이야기하세요.

(1)	(2)	(3)	(4)
며칠 전	경기 날 아침	수업 후	경기 종료

메모

1) 인물, 장소:

2) 그림 (1):   , 마크, 야구 경기 표, 받다 → 감정:

3) 그림 (2):   , 비가 오다, 취소 → 감정: 걱정하다

4) 그림 (3): 수업 후, 날씨가   , 야구장에 가다

5) 그림 (4): 경기 종료,   → 감정: 기쁘다

메모 확인   1) 마크, 야구장   2) 며칠 전, 신나다   3) 경기 날 아침   4) 좋다(맑다)   5) 이기다

✎ 준비(40초)

순서		내용과 표현
그림 (1)	사건 시작	
그림 (2)	사건 진행	
그림 (3)		
그림 (4)	사건 결과	

🎤 대답(60초)

< 점수를 높이는 체크리스트 >

※ 나의 대답이 적절한지 확인해 보세요.

사건이 일어난 배경을 소개했어요? ☐

알맞은 연결어를 사용했어요? ☐

각 그림을 비슷한 분량으로 설명했어요? ☐

인물의 기분이나 감정을 말했어요? ☐

문법 표현을 정확하게 사용했어요? ☐

발음, 억양, 속도가 자연스러웠어요? ☐

'1. 기본 문제'까지 충분히 공부했나요? 이제 '2. 연습 문제'는 다음과 같이 풀어 보세요.

• 답변할 내용 중에서 중요한 단어, 즉 '키워드'를 답안 박스에 써 보세요.
• 키워드를 이용해 소리 내어 답변하며 완성된 문장을 만들어 보세요.
• 자신의 답변을 녹음한 후 '정답 및 해설'의 모범 답안과 비교해 보면 더욱 좋습니다.

2. 연습 문제 (Q3-4/A3-4~Q3-11/A3-11)

1

🎧 **문제 듣기**(실제 시험에서는 화면에 문제가 보이지 않습니다. 그림만 보입니다.)

수미 씨가 도서관에 갔습니다. 수미 씨에게 무슨 일이 있었는지 이야기하세요.

순서		내용과 표현
그림 (1)	사건 시작	
그림 (2)	사건 진행	
그림 (3)		
그림 (4)	사건 결과	

2

민호 씨가 회사에서 야근을 합니다. 민호 씨에게 무슨 일이 있었는지 이야기하세요.

순서		내용과 표현
그림 (1)	사건 시작	
그림 (2)	사건 진행	
그림 (3)		
그림 (4)	사건 결과	

③

유미 씨가 쇼핑을 하러 갔습니다. 유미 씨에게 무슨 일이 있었는지 이야기하세요.

순서		내용과 표현
그림 (1)	사건 시작	
그림 (2)	사건 진행	
그림 (3)		
그림 (4)	사건 결과	

4

민아 씨가 친구와 영화를 보려고 합니다. 민아 씨에게 무슨 일이 있었는지 이야기하세요.

(1)   (2)   (3)   (4)

순서		내용과 표현
그림 (1)	사건 시작	
그림 (2)	사건 진행	
그림 (3)		
그림 (4)	사건 결과	

5

진수 씨가 편의점에 갔습니다. 진수 씨에게 무슨 일이 있었는지 이야기하세요.

(1)

(2)

(3)

(4)

순서		내용과 표현
그림 (1)	사건 시작	
그림 (2)	사건 진행	
그림 (3)		
그림 (4)	사건 결과	

⑥

지훈 씨가 늦잠을 잤습니다. 지훈 씨에게 무슨 일이 있었는지 이야기하세요.

(1)	(2)	(3)	(4)

순서		내용과 표현
그림 (1)	사건 시작	
그림 (2)	사건 진행	
그림 (3)		
그림 (4)	사건 결과	

7

정우가 친구와 싸웠습니다. 정우에게 무슨 일이 있었는지 이야기하세요.

순서		내용과 표현
그림 (1)	사건 시작	
그림 (2)	사건 진행	
그림 (3)		
그림 (4)	사건 결과	

유진 씨가 청소를 합니다. 유진 씨에게 무슨 일이 있었는지 이야기하세요.

순서		내용과 표현
그림 (1)	사건 시작	
그림 (2)	사건 진행	
그림 (3)		
그림 (4)	사건 결과	

유형4 대화 완성하기

01 쏙쏙, 유형 맛보기

1. 시험 진행

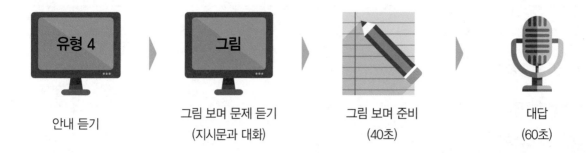

유형 4		그림				
안내 듣기		그림 보며 문제 듣기 (지시문과 대화)		그림 보며 준비 (40초)		대답 (60초)

2. 유형 안내

① 두 사람의 대화를 듣고 그중의 한 명이 되어 마지막 말에 대답하는 문제입니다.

② 중급 수준으로 출제되며 점수는 12점입니다.

③ 40초 동안 대답을 준비한 후에 60초 동안 대답합니다.

유형	난이도	점수	준비 시간	대답 시간
대화 완성하기	중급	12점	40초	60초

3. 과제 분석

① 사회생활을 하며 사람들과 할 수 있을 만한 대화가 그림과 함께 주어집니다. 반대 의견 말하기, 제안하기, 조언하기, 거절하기의 방식으로 대화를 완성해야 합니다.

② 가볍고 친숙한 일부터 중요한 일까지 다양한 화제가 제시됩니다.

상황	화제
• 사회생활에서 할 만한 대화 완성하기 　– 반대 의견 말하기 　– 제안하기 　– 조언하기 　– 거절하기	• 가볍고 친숙한 일 • 중요한 일

4. 평가 내용

과제 수행	• 문제에서 지시한 내용으로 대화를 완성했는가? • 상대의 말에 적절하게 대답했는가? • 구체적이고 논리적으로 말했는가?
어휘 · 문법 사용	• 대화 상황에 맞는 어휘와 문법을 사용했는가? • 다양하고 정확하게 어휘와 문법을 사용했는가?
의미 전달력	• 발음이 정확한가? • 억양이 자연스러운가? • 속도가 적절한가?

1. 단계별 전략 이해 (Q4-1/A4-1)

1) '유형 4' 안내를 들으세요.

유형마다 준비 시간과 대답 시간이 다릅니다. 몇 초 동안 준비하고 대답해야 하는지 확인하세요.

🎧 안내 듣기 → 그림 보며 문제 듣기 → 그림 보며 준비(40초) → (삐-) 대답(60초)

> 4번. 대화를 듣고 이어서 말하십시오.
> 40초 동안 준비하십시오.
> '삐' 소리가 끝나면 60초 동안 말하십시오.

2) 그림을 보면서 문제를 잘 들으세요. (화면에는 문제가 보이지 않습니다. 그림만 보입니다.)

① 첫 번째 지시문(Ⓐ1)을 듣고 **무엇에 대한 대화인지** 파악하세요.
② 두 번째 지시문(Ⓐ2)을 듣고 **어떤 사람의 입장에서 대답해야 하는지** 파악하세요. 대화는 '**남자-여자-남자**' 또는 '**여자-남자-여자**'의 순서로 나옵니다.
③ 그림(Ⓑ)을 참고해서 두 사람의 대화 내용을 예상해 보세요.
④ 이어서 나오는 대화를 듣고 상대방의 입장을 간단히 메모해 두세요.

안내 듣기 → 🎧 그림 보며 문제 듣기 → 그림 보며 준비(40초) → (삐-) 대답(60초)

두 사람이 골프장을 만드는 것에 대해 이야기하고 있습니다. ·········· Ⓐ1
여자의 마지막 말을 듣고 남자가 할 말로 반대 의견을 말하십시오. ·········· Ⓐ2

Ⓑ

여자: 우리 지역에 골프장을 짓는다면서요?
남자: 네, 주민들의 반대가 심한데도 결국 짓기로 했대요. 골프장 공사로 자연환경이 파괴되는 걸 걱정하는 사람들이 많은데도 말이에요.
여자: 그래도 골프장이 생기면 우리 지역 방문객이 늘어서 좋지 않을까요?

3) 그림을 보면서 대답을 준비하세요.

① 대화의 마지막 말에 알맞은 대답이 무엇인지 생각하세요. 그 후 맥락에 맞게 대화를 완성할 수 있도록 키워드를 메모하세요.

② 유형 2, 유형 3은 그림 속 사실을 전달하는 것이 중요하지만, 유형 4는 논리적으로 말하는 것이 더 중요합니다. 입장에 맞는 이유나 근거를 2개 이상 준비하세요.

안내 듣기 ➡ 그림 보며 문제 듣기 ➡ ✏ 그림 보며 준비(40초) ➡ (삐－) 대답(60초)

순서	내용	표현
상대방 의견 인정	• 방문객 증가 O	• 물론 A/V－지요
반대 의견과 이유	• 골프장 외의 방법도 있음 • 골프장을 지으면 생기는 결과 　－ 자연환경이 파괴됨 　－ 복구가 어려움	• 하지만 꼭 A/V－는 건 아니다 • A/V－(으)면
정리	• 자연환경을 파괴하는 방법 X	• A/V－다고 생각하다

4) 준비한 내용을 말하세요.

하고 싶은 이야기를 효과적으로 전달할 수 있도록 내용에 맞는 억양으로 말하세요.

안내 듣기 ➡ 그림 보며 문제 듣기 ➡ 그림 보며 준비(40초) ➡ 🎤 (삐－) 대답(60초)

순서	모범 답안
상대방 의견 인정	물론 방문객이 늘어서 지역 경제가 좋아지는 걸 기대할 수 있겠지요.
반대 의견과 이유	하지만 꼭 골프장을 지어서 방문객을 늘려야 하는 건 아니잖아요. 우리 지역에 있는 관광지나 다른 시설을 활용해서 방문객을 늘리는 방법도 있어요. 골프장을 지으면 자연환경이 파괴되는 문제를 피할 수 없고 한번 훼손된 자연환경은 복구하기가 어려워요.
정리	저는 지역 경제에 도움이 되더라도 자연환경을 파괴하는 방법이라면 문제가 있다고 생각해요.

2. 상황별 핵심 전략 (Q4-1/A4-1~Q4-3/A4-3)

'유형 4'에서는 상대방과 반대되는 의견을 말하는 문제, 상대방에게 제안이나 조언을 하는 문제, 제안이나 부탁을 받고 거절하는 문제가 출제됩니다. 상황별로 어떻게 대답을 준비해야 하는지 알아 두세요.

> **상황 1** 반대되는 의견을 말하는 문제

① 서로 반대 의견을 가진 두 사람의 대화에 대한 문제입니다.
② 누구와 반대되는 의견을 말해야 하는지 파악하고 대화를 들어야 합니다.

🎧 문제 듣기(실제 시험에서는 화면에 문제가 보이지 않습니다. 그림만 보입니다.)

두 사람이 골프장을 만드는 것에 대해 이야기하고 있습니다. 여자의 마지막 말을 듣고 남자가 할 말로 반대 의견을 말하십시오.

여자: 우리 지역에 골프장을 짓는다면서요?
남자: 네, 주민들의 반대가 심한데도 결국 짓기로 했대요. 골프장 공사로 자연환경이 파괴되는 걸 걱정하는
      사람들이 많은데도 말이에요.
여자: 그래도 골프장이 생기면 우리 지역 방문객이 늘어서 좋지 않을까요?

> **표현 Tip** 이렇게 대답해 보세요!

① 먼저 상대방이 한 말을 인정해 주세요.
② 반대되는 의견을 말하고 이유를 설명하세요. 앞에서 들은 대화에 이유가 나왔다면 그것을 더 자세하게 말하면 됩니다.
③ 마지막에는 자신의 의견을 정리해서 간단하게 한번 더 말하는 것이 좋습니다.

순서	모범 답안
상대방 의견 인정	**상대방의 말에 동의하기** **예** 물론 방문객이 늘어서 지역 경제가 좋아지는 걸 기대할 수 있겠지요.
반대 의견과 이유	**반대되는 의견과 이유 말하기** **예** 하지만 꼭 골프장을 지어서 방문객을 늘려야 하는 건 아니잖아요. 우리 지역에 있는 관광지나 다른 시설을 활용해서 방문객을 늘리는 방법도 있어요. 골프장을 지으면 자연환경이 파괴되는 문제를 피할 수 없고 한번 훼손된 자연환경은 복구하기가 어려워요.
정리	**정리해서 말하기** **예** 저는 지역 경제에 도움이 되더라도 자연환경을 파괴하는 방법이라면 문제가 있다고 생각해요.

※ 앞에서 공부한 문제이지요? 배운 내용을 떠올리면서 소리 내어 읽어 보세요.

제안이나 조언을 하는 문제

① 상대방에게 어떤 일을 해 보라고 제안하는 상황이나 고민을 듣고 조언하는 상황에 대한 문제입니다.

② 누구에게 어떤 말(제안, 조언)을 해 줘야 하는지 파악하고 대화를 들어야 합니다.

🎧 문제 듣기(실제 시험에서는 화면에 문제가 보이지 않습니다. 그림만 보입니다.)

두 사람이 가구 구입에 대해 이야기하고 있습니다. 남자의 마지막 말을 듣고 여자가 중고 거래 사이트 이용을 제안하는 대화를 완성하십시오.

남자: 요즘 이사 준비를 하고 있는데 사야 할 가구가 많아요.

여자: 저도 지난번에 이사하면서 가구를 많이 샀어요. 중고 거래 사이트에서 샀는데 지금도 잘 쓰고 있어요.

남자: 중고 가구도 괜찮겠는데요. 가구는 꼭 새 제품을 사지 않아도 될 것 같아요.

표현 Tip 이렇게 대답해 보세요!

① 먼저 상대방이 한 말에 공감해 주세요.

② 상대방에게 제안 · 조언하고 싶은 것과 이유를 말하세요.

순서	모범 답안
공감	**상대방의 말에 공감하기** 예 맞아요. 중고 가구도 새 가구처럼 깨끗하고 사용하는 데 전혀 문제가 없어요.
제안 · 조언과 이유	**상대방에게 제안 · 조언하고 이유 말하기** 예 중고 거래 사이트에서 가구를 한번 찾아보세요. 가구 종류가 많으니까 마음에 드는 걸 골라서 살 수 있을 거예요. 디자인이나 크기에 따라 가격이 다르기는 하지만 대체로 저렴하고 좋은 물건이 많아요. 이야기를 잘하면 값을 좀 깎을 수도 있어요.

제안이나 부탁을 거절하는 문제

① 상대방에게 받은 제안이나 부탁을 거절하는 상황에 대한 문제입니다.

② 무엇을 제안하거나 부탁하는 상황인지 파악하고 대화를 듣는 것이 좋습니다.

🎧 문제 듣기(실제 시험에서는 화면에 문제가 보이지 않습니다. 그림만 보입니다.)

여자가 컴퓨터의 상태 확인을 부탁하고 있습니다. 여자의 마지막 말을 듣고 남자가 거절하는 대화를 완성하십시오.

여자: 이번 주에 제출해야 하는 과제 다 했어?

남자: 아니, 아직 다 못 했어. 생각보다 시간이 많이 걸리던데. 너는 다 했어?

여자: 난 어제 끝내려고 했는데 컴퓨터에 문제가 생겨서 다 못 했어. 며칠 전부터 컴퓨터 속도가 느리고 작동이 잘 안 돼. 혹시 오늘 내 컴퓨터를 좀 봐 줄 수 있어?

표현 Tip 이렇게 대답해 보세요!

① 먼저 상대방이 처한 상황을 알고 있음을 확인해 주세요.

② 상대방의 제안이나 부탁을 거절하고 그 이유를 말하세요.

③ 거절한 것에 대한 미안함과 대안을 덧붙이면 좋습니다.

순서	모범 답안
상황 확인	**상대방의 상황 확인하기** 예 컴퓨터에 문제가 생겼구나.
거절과 이유	**거절하고 이유 말하기** 예 그런데 어떡하지? 컴퓨터에 무슨 문제가 있는지 확인해 주고 싶은데, 오늘은 친구 생일 파티에 가야 해. 이따가 친구들하고 만나서 선물도 사기로 해서 오늘은 시간이 안 될 것 같아.
사과	**거절해서 미안한 마음 전하기** 예 도와주지 못해서 미안해. 혹시 내일도 괜찮으면 내가 내일 컴퓨터를 봐 줄게.

1. 기능 표현

1) 상대방의 의견을 인정하는 표현

- 물론 A/V–지요

  예 가: 스마트폰이 있으면 공부하다가 궁금한 것도 찾아볼 수 있어요.

  나: 물론 스마트폰으로 검색을 하면 편하지요.

  예 가: 케이블카를 설치하면 관광객이 늘어날 수 있잖아요.

  나: 물론 관광객이 증가하는 효과를 기대할 수 있지요.

2) 상대방의 의견에 반대하는 표현

- 하지만 A/V–잖아요

  예 하지만 스마트폰으로 게임만 하는 아이들도 많잖아요.

  하지만 다른 관광 자원을 이용할 수도 있잖아요.

- 하지만 A/V–(으)ㄹ 수도 있어요

  예 하지만 어떤 사람들은 인터넷 뱅킹 이용이 어려울 수도 있어요.

  하지만 부모님도 선물 대신 현금을 받는 걸 좋아하실 수도 있어요.

3) 자신의 의견을 정리해서 말하는 표현

- (저는) A–다고 생각해요 | (저는) V–ㄴ/는다고 생각해요

  예 저는 초등학생도 스마트폰이 필요하다고 생각해요.

  저는 케이블카 설치로 자연을 훼손하면 안 된다고 생각해요.

4) 상대의 말에 공감하는 표현

- A/V–(으)면 A/V–지요

  예 가: 회사에서 실수한 적이 있어서 일할 때마다 긴장되고 의욕도 안 생겨요.

  나: 실수를 하면 자신감이 떨어지지요.

  예 가: 출퇴근 시간이 오래 걸리니까 이사를 가고 싶더라고요.

  나: 맞아요. 집이 회사에서 멀면 힘들지요.

- 저도 A/V–(으)ㄹ 때가 있어요

  예 가: 저는 온라인으로 회의를 하면 사람들과 소통하기가 좀 불편하던데요.

  나: 저도 온라인 회의가 불편할 때가 있어요.

  예 가: 할 일이 많은데도 하루 종일 휴대폰만 보게 돼요.

  나: 저도 집에서 휴대폰만 볼 때가 있어요.

5) 상대방에게 제안이나 조언을 하는 표현

- V-는 게 어때요?

  예 동호회에 가입하는 게 어때요?

- V-(으)ㄹ래요?

  예 이번 주말에 같이 미술관 전시를 볼래요?

- V-아/어 보세요

  예 마음에 드는 옷이 있다면 한번 입어 보세요.

- V-아/어 보면 좋을 것 같아요

  예 취업하고 싶은 분야의 책을 읽어 보면 좋을 것 같아요.

- V-는 것도 도움이 될 거예요

  예 취업한 선배의 이야기를 듣는 것도 도움이 될 거예요.

6) 상대방의 상황을 확인하는 표현

- A/V-(는)군요

  예 회사 면접 때문에 걱정이 많으시군요.

  이사할 집을 구하셔야 하는군요.

- A/V-겠어요

  예 야근이 많아서 힘드시겠어요.

  바빠서 고향에는 자주 못 가시겠어요.

7) 상대방의 제안이나 부탁을 거절하는 표현

- V-기가 힘들 것 같아요

  예 주말에는 시간을 내기가 힘들 것 같아요.

- V-기가 좀 어려워요 ┃ V-기가 좀 어려울 것 같아요

  예 저는 이번 모임에 참석하기가 좀 어려워요.

  오늘은 같이 가기가 좀 어려울 것 같아요.

8) 사과하는 표현

- V-지 못해서 미안해요(/죄송해요)

  예 발표 준비를 도와주지 못해서 미안해요.

  같이 식사를 해야 하는데 시간을 내지 못해서 죄송해요.

9) 제안이나 부탁을 들어주고 싶은 마음을 나타내는 표현

- V-아/어 주고 싶은데 ∣ V-고 싶은데

    예 이삿짐을 <u>옮겨 주고 싶은데</u> 다른 약속이 있어서 힘들 것 같아요.

    저도 동호회에 <u>가입하고 싶은데</u> 바빠서 안 될 것 같아요.

- V-아/어 주고 싶은데요 ∣ V-고 싶은데요

    예 이삿짐을 <u>옮겨 주고 싶은데요</u>. 다른 약속이 있어서 힘들 것 같아요.

    저도 동호회에 <u>가입하고 싶은데요</u>. 바빠서 안 될 것 같아요.

- V-(으)면 좋을 텐데

    예 민수 씨도 모임에 <u>참석하면 좋을 텐데</u> 아쉽네요.

- V-(으)면 좋을 텐데요

    예 저도 같이 식사할 수 <u>있으면 좋을 텐데요</u>.

2. 실력 UP! 억양 확인 (P4)

| 억양 비교 | 자연스러운 억양은 자신의 말을 효과적으로 전달하는 데 도움을 줍니다. 다음을 따라 읽으면서 의미에 맞는 억양을 연습해 보세요. |

1) A/V-거든(요)

A/V-거든(요)[↗]	상황을 알려 주고 이야기를 이어갈 때는 억양을 올리세요. 예 어제 회사 면접을 봤거든요. 기대를 안 했는데 합격했어요.
A/V-거든(요)[↘]	이유를 말할 때는 억양을 내리세요. 예 주말에는 시간을 내기가 어려워요. 제가 아르바이트를 하거든요.

2) A/V-(으)ㄴ/는데(요)

A/V-(으)ㄴ/는데(요)[↗]	아직 이야기가 끝나지 않았을 때는 억양을 올리세요. 예 저도 전에는 현금 대신 신용 카드를 썼는데요. 신용 카드를 쓰니까 돈을 얼마나 썼는지 잘 모르겠더라고요.
A/V-(으)ㄴ/는데(요)[↘]	대조적인 내용을 말할 때는 억양을 내리세요. 예 그 식당은 직원들이 좀 불친절해요. 음식은 맛있는데요.

3) A/V-(으)ㄹ걸

A/V-(으)ㄹ걸[↗]	추측할 때는 억양을 올리세요. 예 집에서 일하면 회사에서 일할 때보다 집중력이 떨어질걸.
A/V-(으)ㄹ걸[↘]	아쉬움이나 후회를 나타낼 때는 억양을 내리세요. 예 수업을 신청하기 전에 너한테 물어볼걸.

4) A/V-(으)ㄹ 텐데(요)

A/V-(으)ㄹ 텐데(요)[↗]	추측해서 말할 때는 억양을 올리세요. 예 직접 보지 않고 물건을 사면 마음에 안 들 때도 있을 텐데요.
A/V-(으)ㄹ 텐데(요)[↘]	아쉬움이나 후회를 나타낼 때는 억양을 내리세요. 예 저도 같이 식사하러 가면 좋을 텐데요.

3. 등급 UP! 체크리스트

☑ 하고 싶은 말을 자연스럽고 효과적으로 전달했어요?

• 먼저 하고 싶은 말을 떠올린 후 앞뒤에 어울리는 말을 추가하면 쉽게 대답을 만들 수 있습니다.

 상대방 의견 인정 + 반대 의견과 이유 + 정리

 상대방의 말에 공감 + 제안 · 조언과 이유

 상황 확인 + 거절과 이유 + 사과

☑ 대화문에 나온 내용을 충분히 이용했어요?

• 대답 시간 60초가 부족하지 않도록 내용을 풍부하게 만들어야 합니다.
• 상대방의 의견을 인정할 때, 상대방의 말이나 상황을 확인하고 공감할 때 대화문에서 들은 내용을 활용하세요.

 여가 시설이 필요해요.

 물론 여가 시설도 필요하지요.

☑ 직접적인 표현을 피해서 부드럽게 말했어요?

• 이야기를 듣는 사람이 기분 나쁘지 않도록 부드럽게 간접적으로 이야기하는 것이 좋습니다.

 모임에 참석하기가 어려울 것 같아요. ➡ 간접적인 표현

 모임에 참석할 수 없어요. ➡ 직접적인 표현

☑ 대화문과 같은 종결 어미를 사용했어요?

- 누구의 입장에서 말해야 하는지 확인한 후 그 사람과 같은 종결 어미를 사용해야 합니다.
- 대화문에서 그 사람이 'A/V-ㅂ/습니다, A/V-아/어요, A/V-아/어' 중 무엇을 사용하는지 잘 듣고 같은 말로 대화를 완성하세요.

남자가 할 말로 반대 의견을 말하십시오.

남자: 네, 주민들의 반대가 심한데도 결국 짓기로 했대요. 골프장 공사로 자연환경이 파괴되는 걸 걱정하는 사람들이 많은데도 말이에요. ➔ 종결 어미 'A/V-아/어요'를 사용

여자: 그래도 골프장이 생기면 우리 지역 방문객이 늘어서 좋지 않을까요?

남자: 하지만 꼭 골프장을 지어서 방문객을 늘려야 하는 건 아니잖아요.

➔ 종결 어미 'A/V-아/어요'를 사용

☑ 문법 표현을 정확하게 사용했어요?

- 문법 표현을 정확하게 사용해야 이야기를 잘 전달할 수 있습니다.
- 틀리기 쉬운 표현에 주의하면서 대화를 완성하세요.

〈 틀리기 쉬운 표현 〉

1. A/V-더라고(요)
   - 지난 주말에 영화관에 갔는데 사람이 많더라고요.
     → 지난 주말에 영화관에 갔는데 사람이 많았더라고요. (X)
   ➔ 과거에 알게 된 사실을 지금 말할 때

2. 'A/V-다 보니까'와 'A/V-다 보면'
   - 저는 한국 친구와 말하기 연습을 자주 하다 보니까 실력이 좋아졌어요.
     → 저는 한국 친구와 말하기 연습을 자주 하다 보니까 실력이 좋아질 거예요. (X)
   ➔ A/V-다 보니까 + A/V-았/었어요
   - 제니 씨도 친구와 연습을 하다 보면 실력이 좋아질 거예요.
     → 제니 씨도 친구와 연습을 하다 보면 실력이 좋아졌어요. (X)
   ➔ A/V-다 보면 + A/V-(으)ㄹ 거예요
   ➔ 'A/V-다 보니까' 뒤에는 과거에 일어난 일을 써요.
     'A/V-다 보면' 뒤에는 미래에 일어날 일을 써요.

1. 기본 문제 (Q4-4/A4-4)

🎧 듣기

> 4번. 대화를 듣고 이어서 말하십시오.
> 40초 동안 준비하십시오.
> '삐' 소리가 끝나면 60초 동안 말하십시오.

🎧 (실제 시험에서는 화면에 문제가 보이지 않습니다. 그림만 보입니다.)

두 사람이 어버이날 선물에 대해 이야기하고 있습니다. 여자의 마지막 말을 듣고 남자가 할 말로 반대 의견을 말하십시오.

여자: 내일이 어버이날인데 저는 아직 부모님 선물을 못 샀어요. 지훈 씨는 샀어요?

남자: 저는 필요하신 거 사실 수 있게 현금으로 드릴 거예요.

여자: 그래도 선물을 준비해서 드려야 하지 않을까요? 서운해하실 것 같은데요.

메모

1) 화제:

....

2) 대답해야 하는 것: 여자의 말에 대한

....

3) 여자의 의견: 부모님께   을 드려야 한다.

....

4) 남자의 의견: 부모님께   을 드려도 된다.

....

메모 확인 1) 어버이날 선물   2) 반대 의견   3) 선물   4) 현금

✎ 준비(40초)

순서	내용과 표현
상대방 의견 인정	
반대 의견과 이유	
정리	

🎤 대답(60초)

< 점수를 높이는 체크리스트 >

※ 나의 대답이 적절한지 확인해 보세요.

하고 싶은 말을 자연스럽고 효과적으로 전달했어요? ☐

대화에 나온 내용을 충분히 이용했어요? ☐

직접적인 표현을 피해서 부드럽게 말했어요? ☐

대화문과 같은 종결 어미를 사용했어요? ☐

문법 표현을 정확하게 사용했어요? ☐

발음, 억양, 속도가 자연스러웠어요? ☐

'1. 기본 문제'까지 충분히 공부했나요? 이제 '2. 연습 문제'는 다음과 같이 풀어 보세요.

• 답변할 내용 중에서 중요한 단어, 즉 '키워드'를 답안 박스에 써 보세요.
• 키워드를 이용해 소리 내어 답변하며 완성된 문장을 만들어 보세요.
• 자신의 답변을 녹음한 후 '정답 및 해설'의 모범 답안과 비교해 보면 더욱 좋습니다.

2. 연습 문제 (Q4-5/A4-5~Q4-12/A4-12)

1

두 사람이 온라인 쇼핑에 대해 이야기하고 있습니다. 여자의 마지막 말을 듣고 남자가 할 말로 반대 의견을 말하십시오.

여자: 인터넷으로 가방을 샀는데 생각하고 달라서 환불을 할까 생각 중이야.

남자: 나도 온라인 쇼핑을 하고 상품이 마음에 안 들어서 환불한 적이 있었어. 그래서 가방이나 옷은 온라인으로 사지 않고 매장에 가서 직접 보고 사.

여자: 그래도 온라인으로 사는 게 훨씬 저렴하잖아. 쇼핑하는 시간도 절약되니까 온라인 쇼핑을 하는 게 낫지.

순서	내용과 표현
상대방 의견 인정	
반대 의견과 이유	
정리	

2

두 사람이 한국어 공부에 대해 이야기하고 있습니다. 여자의 마지막 말을 듣고 남자가 조언하는 대화를 완성하십시오.

여자: 저는 열심히 공부하는데도 한국어 실력이 늘지 않아서 고민이에요.

남자: 보통 어떻게 공부해요? 한국 사람하고 말하기 연습도 해요?

여자: 매일 수업이 끝난 후에 혼자 복습을 하고 숙제를 해요. 말하기 연습은 안 하고 있어요.

순서	내용과 표현
공감	
조언과 이유	

3

두 사람이 동호회에 대해 이야기하고 있습니다. 여자의 마지막 말을 듣고 남자가 동호회 가입을 제안하는 대화를 완성하십시오.

여자: 운동을 좀 해야 하는데 잘 안 하게 되네요. 지훈 씨는 요즘 운동해요?

남자: 네, 저는 얼마 전에 자전거 동호회에 가입했는데 주말마다 사람들과 같이 자전거를 타요.

여자: 주말마다요? 그렇게 동호회 활동을 하면 구준히 운동할 수 있어서 참 좋겠네요. 보통 혼자 운동하면 몇 번 하다가 안 하잖아요.

순서	내용과 표현
공감	
제안과 이유	

4

두 사람이 아르바이트에 대해 이야기하고 있습니다. 여자의 마지막 말을 듣고 남자가 거절하는 대화를 완성하십시오.

여자: 고향에서 가족들이 와서 일주일 동안 같이 지내게 됐어.

남자: 그래? 오랜만에 가족들을 만나서 반갑겠다.

여자: 응, 주말에 같이 여행도 하려고 해. 그래서 말인데 혹시 이번 주 일요일에 시간 있어? 그날 아르바이트가 있어서 나 대신 아르바이트 해 줄 사람을 찾고 있거든.

순서	내용과 표현
상황 확인	
거절과 이유	
사과	

5

두 사람이 은행 지점 수 감소에 대해 이야기하고 있습니다. 남자의 마지막 말을 듣고 여자가 할 말로 반대 의견을 말하십시오.

남자: 우리 회사 앞에 있던 K 은행이 없어졌던데 아셨어요?

여자: 그래요? 은행 지점이 점점 줄어드네요. 사람들이 불편하겠어요.

남자: 요즘은 보통 인터넷으로 은행 업무를 보니까 지점이 줄어도 괜찮을 것 같은데요.

순서	내용과 표현
상대방 의견 인정	
반대 의견과 이유	
정리	

6

두 사람이 일과 적성에 대해 이야기하고 있습니다. 남자의 마지막 말을 듣고 여자가 조언하는 대화를 완성하십시오.

남자: 저는 지금 하는 일이 적성에 안 맞나 봐요.

여자: 왜요? 무슨 일 있어요?

남자: 회사에 입사한 지 6개월이나 됐는데 오늘도 실수를 했어요. 처음에는 일이 재미있었는데 제가 일을 못하는 것 같아서 자신감도 떨어지고 의욕이 안 생겨요.

순서	내용과 표현
공감	
조언과 이유	

🎧 **문제 듣기(실제 시험에서는 화면에 문제가 보이지 않습니다. 그림만 보입니다.)**

두 사람이 등산에 대해 이야기하고 있습니다. 남자의 마지막 말을 듣고 여자가 거절하는 대화를 완성하십시오.

남자: 수미 씨 이번 주말에 뭐 해요? 같이 등산 안 갈래요?

여자: 등산이요? 갑자기 웬 등산이에요?

남자: 네, 아까 점심 먹다가 등산 이야기가 나와서 과장님하고 토요일에 등산을 가기로 했거든요. 같이 가는 거 어때요?

순서	내용과 표현
상황 확인	
거절과 이유	
사과	

8

두 사람이 아르바이트에 대해 이야기하고 있습니다. 남자의 마지막 말을 듣고 여자가 아르바이트 지원을 제안하는 대화를 완성하십시오.

남자: 요즘 아르바이트를 찾고 있는데 적당한 곳이 없네. 넌 아르바이트 해?

여자: 응, 저녁에 카페에서 아르바이트를 하고 있는데 1년 정도 됐어. 사장님도 친절하시고 같이 일하는 사람들도 좋아.

남자: 그렇게 여러 명이 같이 일하는 아르바이트가 좋은 것 같아. 나는 편의점에서 아르바이트를 해 보니까 혼자 있어야 해서 좀 심심하더라고.

순서	내용과 표현
공감	
제안과 이유	

유형 5 자료 해석하기

01 쏙쏙, 유형 맛보기

1. 시험 진행

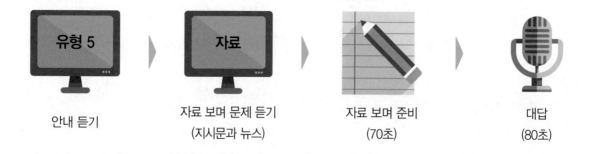

유형 5	자료		
안내 듣기	자료 보며 문제 듣기 (지시문과 뉴스)	자료 보며 준비 (70초)	대답 (80초)

2. 유형 안내

① 뉴스를 들은 후 화면 속 자료를 설명하고 자신의 의견을 말하는 문제입니다.

② 고급 수준으로 출제되며 점수는 15점입니다.

③ 70초 동안 대답을 준비한 후에 80초 동안 대답합니다.

유형	난이도	점수	준비 시간	대답 시간
자료 해석하기	고급	15점	70초	80초

3. 과제 분석

① 각종 사회 현상을 다루는 뉴스가 시각 자료와 함께 주어집니다. 시각 자료를 보고 설명한 후 전망이나 해결 방법을 말해야 합니다.

② 다양한 사회적 이슈와 일부 추상적 문제가 화제로 제시됩니다.

상황	화제

• 전반: 시각 자료에 나타난 현황 설명하기
  └ 그래프, 도표, 포스터, 신문 기사의 헤드라인 …
• 후반: 자신의 의견 말하기
  – 전망 말하기
  – 해결 방법 말하기
	• 사회적 이슈
	  예 정치, 경제, 과학, 환경, 대중매체 …
	• 추상적 문제
	  예 예술, 문화 …

4. 평가 내용

과제 수행	• 제시된 자료에 있는 현황을 정확하게 설명했는가? • 현황에 대한 자신의 의견을 논리적으로 말했는가?
어휘 · 문법 사용	• 자료를 설명할 때 필요한 어휘와 문법을 사용했는가? • 의견을 말할 때 필요한 고급 수준의 표현을 사용했는가?
의미 전달력	• 발음이 정확한가? • 억양이 자연스러운가? • 속도가 적절한가?

1. 단계별 전략 이해 (Q5-1/A5-1)

1) '유형 5' 안내를 들으세요.

유형마다 준비 시간과 대답 시간이 다릅니다. 몇 초 동안 준비하고 대답해야 하는지 확인하세요.

🎧 안내 듣기 ➡ 자료 보며 문제 듣기 ➡ 자료 보며 준비(70초) ➡ (삐-) 대답(80초)

> 5번. 자료를 설명하고 자신의 의견을 제시하십시오.
> 70초 동안 준비하십시오.
> '삐' 소리가 끝나면 80초 동안 말하십시오.

2) 자료를 보면서 문제를 잘 들으세요. (화면에는 문제가 보이지 않습니다. 자료만 보입니다.)

① 지시문(Ⓐ)을 잘 듣고 무엇에 대하여 말해야 하는지 파악하세요.
② 뉴스의 첫 번째 문장(Ⓑ1)을 듣고 **화제**를 파악하세요.
③ 뉴스의 두 번째 문장(Ⓑ2)과 자료의 제목(Ⓒ)으로 **자료의 내용이 무엇인지** 파악하세요.

안내 듣기 ➡ 🎧 자료 보며 문제 듣기 ➡ 자료 보며 준비(70초) ➡ (삐-) 대답(80초)

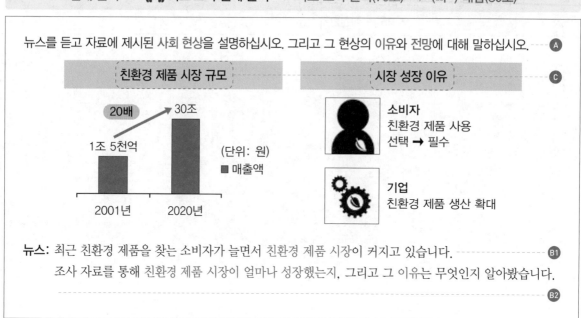

3) 자료를 보면서 대답을 준비하세요.

① 먼저 주어진 자료를 순서대로 모두 설명할 수 있도록 키워드를 메모하세요. 자료를 설명하는 표현을 사용하고 숫자를 정확하게 말해야 합니다.

② 다음으로 자신의 의견을 준비하세요. 자료에 나온 내용을 참고해서 비판적이고 논리적으로 말해야 합니다.

안내 듣기 ➡ 자료 보며 문제 듣기 ➡ ✏ 자료 보며 준비(70초) ➡ (삐-) 대답(80초)

순서		내용	표현
자료 1	현황	• 친환경 제품 시장 규모 – 2001년 1조 5천억 원 ┐ 매출액 – 2020년 30조 원 ┘ 20배 증가	• N을/를 조사한 결과 • A/V-(으)ㄴ 것으로 나타났다
자료 2	이유	• 시장이 크게 성장한 이유 – 소비자들의 인식 전환 – 기업들의 제품 생산 확대	• 이유는 A/V-기 때문이다 • 첫째, ~ 둘째, ~
의견	전망	• 시장 규모 확대 전망 – 근거 1: 환경에 대한 관심 증가 – 근거 2: 환경 보호 실천 증가	• 앞으로 A/V-(으)ㄹ 것으로 보인다

4) 준비한 내용을 말하세요.

고급 수준에 맞는 발음, 억양, 속도를 유지하면서 문제에서 요구한 것을 모두 말하세요.

안내 듣기 ➡ 자료 보며 문제 듣기 ➡ 자료 보며 준비(70초) ➡ 🎤 (삐-) 대답(80초)

순서		모범 답안
자료 1	현황	친환경 제품 시장의 규모를 조사한 결과, 매출액이 2001년 1조 5천억 원에서 2020년 30조 원으로 20배나 증가한 것으로 나타났습니다.
자료 2	이유	이렇게 친환경 제품 시장이 크게 성장한 이유는 첫째, 소비자들의 인식이 전환되었기 때문입니다. 소비자들이 환경 보호의 필요성을 느끼면서 친환경 제품을 사용하는 것은 선택이 아니라 필수라고 생각하게 되었습니다. 둘째, 기업들이 친환경 제품의 생산을 확대하고 있기 때문입니다. 기업들은 소비자들의 변화에 맞춰 적극적으로 친환경 제품을 생산하고 있습니다.
의견	전망	앞으로도 친환경 제품 시장의 규모는 확대될 것으로 보입니다. 기후 변화 등을 겪으며 환경에 대한 관심이 높아졌고 생활 속에서 환경 보호를 실천하려는 사람이 점차 늘고 있기 때문입니다.

2. 상황별 핵심 전략 (Q5-1/A5-1~Q5-2/A5-2)

'유형 5'에서는 자료에 나타난 현황, 원인, 영향, 문제점 등을 설명한 후 자신이 생각하는 전망이나 해결 방법을 말하는 문제가 출제됩니다. 상황별로 어떻게 대답을 준비해야 하는지 알아 두세요.

상황 1 전망을 말하는 문제

① 다양한 사회 현상을 나타내는 자료와 이유, 원인, 문제점 등을 설명한 자료가 나옵니다.
② 자료에 나타난 현상이 앞으로 어떻게 될지 전망을 생각해서 말해야 합니다.

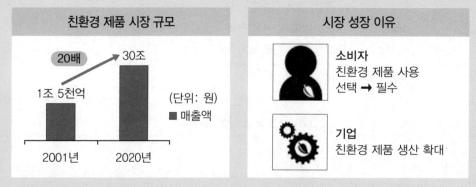

🎧 **문제 듣기(실제 시험에서는 화면에 문제가 보이지 않습니다. 자료만 보입니다.)**

뉴스를 듣고 자료에 제시된 사회 현상을 설명하십시오. 그리고 그 현상의 이유와 전망에 대해 말하십시오.

친환경 제품 시장 규모	시장 성장 이유
20배 30조 / 1조 5천억 / (단위: 원) 매출액 / 2001년 2020년	소비자 친환경 제품 사용 선택 ➡ 필수 / 기업 친환경 제품 생산 확대

뉴스: 최근 친환경 제품을 찾는 소비자가 늘면서 친환경 제품 시장이 커지고 있습니다. 조사 자료를 통해 친환경 제품 시장이 얼마나 성장했는지, 그리고 그 이유는 무엇인지 알아봤습니다.

표현 Tip 이렇게 대답해 보세요!

① 왼쪽 자료에 나타난 현황을 설명하세요. 자료의 제목을 활용하고 자료 속에서 증가하거나 감소한 상황을 정확하게 말합니다.
② 오른쪽 자료에 나온 이유를 차례대로 설명하세요. 두 가지를 차례대로 연결해서 말합니다.
   예 첫째, ~. 둘째, ~.
③ 자료의 내용을 참고해서 자신이 전망하는 것을 말하세요. 이유를 같이 말하는 것이 좋습니다.

순서		모범 답안
자료 1	현황	**자료에 나타난 현상의 변화 설명하기** 예 친환경 제품 시장의 규모를 조사한 결과, 매출액이 2001년 1조 5천억 원에서 2020년에는 30조 원으로 20배나 증가한 것으로 나타났습니다.
자료 2	이유나 원인 / 영향	**자료에 나온 이유 차례대로 설명하기** 예 이렇게 친환경 제품 시장이 크게 성장한 이유는 첫째, 소비자들의 인식이 전환되었기 때문입니다. 소비자들이 환경 보호의 필요성을 느끼면서 친환경 제품을 사용하는 것은 선택이 아니라 필수라고 생각하게 되었습니다. 둘째, 기업들이 친환경 제품의 생산을 확대하고 있기 때문입니다. 기업들은 소비자들의 변화에 맞춰 적극적으로 친환경 제품을 생산하고 있습니다.
의견	전망	**전망하는 것 말하기** 예 앞으로도 친환경 제품 시장의 규모는 확대될 것으로 보입니다. 기후 변화 등을 겪으며 환경에 대한 관심이 높아졌고 생활 속에서 환경 보호를 실천하려는 사람이 점차 늘고 있기 때문입니다.

※ 앞에서 공부한 문제이지요? 배운 내용을 떠올리면서 소리 내어 읽어 보세요.

① 다양한 사회 현상을 나타내는 자료와 이유, 원인, 문제점 등을 설명한 자료가 나옵니다.

② 자료에 나타난 문제점을 어떻게 해결할 수 있는지 해결 방법을 생각해서 말해야 합니다.

🎧 **문제 듣기(실제 시험에서는 화면에 문제가 보이지 않습니다. 자료만 보입니다.)**

뉴스를 듣고 자료에 제시된 사회 현상을 설명하십시오. 그리고 그 현상의 원인과 해결 방법에 대해 말하십시오.

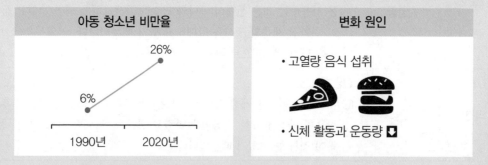

뉴스: 소아 비만 현상이 심각해지고 있습니다. 조사 자료를 통해 아동과 청소년의 비만율이 어떻게 변화했는지, 그리고 그 원인은 무엇인지 알아봤습니다.

표현 Tip **이렇게 대답해 보세요!**

① 왼쪽 자료에 나타난 현황을 설명하세요. 자료의 제목을 활용하고 자료 속에서 증가하거나 감소한 상황을 정확하게 말합니다.

② 오른쪽 자료에 나온 원인을 차례대로 설명하세요. 두 가지를 차례대로 연결해서 말합니다.

　　예 먼저 ~. 다음으로 ~.

③ 자료에 나온 원인을 참고해서 해결 방법을 말하세요. 최대한 구체적으로 설명하는 것이 좋습니다.

순서		모범 답안
자료 1	현황	**자료에 나타난 현상의 변화 설명하기** 📼 자료에 따르면 아동 청소년의 비만율은 1990년에는 6%에 불과했으나 2020년에는 26%로 4배 이상 늘어났습니다.
자료 2	이유나 원인 / 문제점	**자료에 나온 원인 차례대로 설명하기** 📼 이와 같이 아동 청소년의 비만율이 크게 증가한 원인으로 먼저 고열량 음식의 섭취를 들 수 있습니다. 피자, 햄버거와 같이 열량이 높은 패스트푸드를 섭취하는 것이 비만율 증가에 영향을 미친 것으로 보입니다. 다음으로 과거에 비해 신체 활동과 운동량이 감소한 것도 비만율 증가의 원인이라고 할 수 있습니다.
의견	해결 방법	**해결할 수 있는 방법 말하기** 📼 아동 청소년의 비만율을 낮추기 위해서는 식습관과 생활 습관을 함께 개선해야 합니다. 고열량 음식의 섭취를 줄이고 채소와 과일을 비롯한 다양한 식품을 골고루 먹어야 합니다. 그리고 활동량을 늘리고 꾸준히 운동하는 습관을 가지는 것이 좋습니다.

1. 숫자와 단위

1) 숫자 읽기

숫자	1	2	3	4	5	6	7	8	9	10
방법 1	일	이	삼	사	오	육	칠	팔	구	십
방법 2	하나 (한 개)	둘 (두 개)	셋 (세 개)	넷 (네 개)	다섯	여섯	일곱	여덟	아홉	열
숫자	20	30	40	50	60	70	80	90	100	1,000
방법 1	이십	삼십	사십	오십	육십	칠십	팔십	구십	백	천
방법 2	스물	서른	마흔	쉰	예순	일흔	여든	아흔	–	–

예 2019년에 전국 228개 지역의 인구를 조사했습니다.
　　[이천십구년]　　　[이백이십팔개/이백스물여덟깨]

　　　　　　└ 작은 숫자를 셀 때는 '8개: 여덟 개[여덜깨]'와 같이 '방법 2'로 읽지만
　　　　　　　숫자가 커지면 '228개: 이백이십팔 개[이백이십팔개]'와 같이 '방법 1'로 많이 읽습니다.

예 모바일 쇼핑 거래액이 2년 사이에 3배 이상 증가했습니다.
　　　　　　　　[이년]　　　[세배]

예 한국의 연평균 기온은 지난해보다 0.4도 상승한 12.9도로 조사되었습니다.
　　[영쩜사도]　　　　　[십이쩜구도]

　　　　└ '0'은 [영]으로, '소수점(.)'은 [쩜]으로 발음합니다.

2) 단위 읽기

g – 그램	kg – 킬로그램
% – 퍼센트	t – 톤

예 1인당 육류 소비량은 3% 증가한 54kg으로 조사되었습니다.
　　　　　　　　　[삼퍼센트]　　[오십사킬로그램]

예 쓰레기 배출량이 작년보다 4,000t 넘게 증가한 것으로 나타났습니다.
　　　　　　　　[사천톤]

2. 기능 표현

1) 조사 대상을 설명하는 표현

- N을/를 조사한 결과

  예 공공 도서관 이용자를 조사한 결과 해마다 감소한 것으로 나타났습니다.

- 조사 결과에 따르면 N이/가

  예 조사 결과에 따르면 올해 1인당 쌀 소비량이 역대 최저치를 기록했다고 합니다.

2) 연도별 변화를 설명하는 표현

- ~년에 ~이었던 N이/가 ~년에는 ~(으)로 증가했습니다(↔ 감소했습니다)

  예 2017년에 3만 명이었던 학교 폭력 피해자가 다음 해인 2018년에는 5만 명으로 증가했습니다.

  2017년에 60%였던 독서율이 2020년에는 48%로 10% 이상 감소했습니다.

- ~년 ~에서 ~년에는 ~(으)로 증가했습니다(↔ 감소했습니다)

  예 무인 편의점이 2016년 208개에서 2022년에는 2,700개로 급격히 증가했습니다.

  도서관 방문자가 2011년 80만 명에서 2021년에는 52만 명으로 크게 감소했습니다.

- ~년 ~에서 ~년에는 ~, ~년에는 ~(으)로 증가했습니다(↔ 감소했습니다)

  예 시설 이용률이 2020년 30%에서 2021년에는 36%, 2022년에는 44%로 꾸준히 증가했습니다.

  대학 입학자가 2016년 57만 명에서 2018년에는 55만 명, 2020년에는 52만 명으로 계속 감소했습니다.

3) 변화의 정도를 설명하는 표현

- ~년 사이에(/만에) ~배 가까이(/이상) 증가했습니다

  예 [2010년 10% → 2013년 18%]

  외국인 비율이 3년 사이에 2배 가까이 증가했습니다.

  예 [2010년 10% → 2013년 24%]

  매출이 3년 만에 2배 이상 증가한 것으로 나타났습니다.

- ~년 사이에(/만에) 절반 가까이(/이상) 감소했습니다

  예 [2015년 120kg → 2020년 63kg]

  쌀 소비량이 5년 사이에 절반 가까이 감소했습니다.

  예 [2000년 400만 명 → 2020년 190만 명]

  학생 수가 20년 만에 절반 이상 감소했습니다.

4) 수치의 정도를 설명하는 표현

- ~에 달했습니다(↔ 불과했습니다)

  예 자녀 양육에 어려움을 겪는 다문화 가정이 80%에 달했습니다.

  10대의 경우 텔레비전이 필수적인 매체라는 답이 20%에 불과했습니다.

5) 원인이나 이유를 설명하는 표현

- 이렇게(≒이와 같이) 증가한(↔ 감소한) 이유는(≒원인은) A/V-기 때문입니다
  - **예** 이렇게 신용 카드 결제가 증가한 이유는 현금에 비해 간편하기 때문입니다.

    이와 같이 쌀 소비량이 감소한 원인은 첫째, 식습관이 변화했기 때문입니다.
- 이유로(≒원인으로) N을/를 들 수 있습니다
  - **예** 비만율이 높아진 이유로 서구화된 식습관을 들 수 있습니다.

    학생 수가 급격히 감소한 원인으로 낮은 출산율을 들 수 있습니다.

6) 전망을 말하는 표현

- 앞으로(도) V-(으)ㄹ 것으로 보입니다(/예상됩니다/전망됩니다)
  - **예** 앞으로 친환경차의 판매량은 증가할 것으로 보입니다.

    앞으로도 지방 인구의 감소 속도는 가속화될 것으로 예상됩니다.

    앞으로도 직원이 없이 운영되는 무인 편의점이 늘어날 것으로 전망됩니다.

7) 해결 방법을 말하는 표현

- V-기 위해(서) V-아/어야 합니다 ㅣ V-기 위해(서) V-(으)ㄹ 필요가 있습니다
  - **예** 쓰레기를 줄이기 위해 재활용할 수 있는 방법을 개발해야 합니다.

    학교 폭력 문제를 해결하기 위해서 상담 센터를 마련할 필요가 있습니다.

3. 실력 UP! 발음 확인 (P5)

비음화	받침 'ㄱ, ㄷ, ㅂ'이 비음 'ㄴ, ㅁ' 앞에 오면, 비음 [ㅇ, ㄴ, ㅁ]으로 바꾸어 발음합니다. 다음을 따라 읽으면서 비음의 발음을 연습해 보세요.

1) ㄱ → [ㅇ]

ㄴ, ㅁ 앞에 있는 받침 ㄱ(ㄲ, ㄺ 포함)은 [ㅇ]으로 바꾸어 발음하세요.

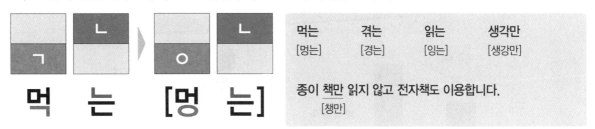

먹는	겪는	읽는	생각만
[멍는]	[경는]	[잉는]	[생강만]

종이 책만 읽지 않고 전자책도 이용합니다.
　　　　[챙만]

2) ㄷ → [ㄴ]

ㄴ, ㅁ 앞에 있는 받침 ㄷ(ㅅ, ㅆ, ㅈ, ㅊ 포함)은 [ㄴ]으로 바꾸어 발음하세요.

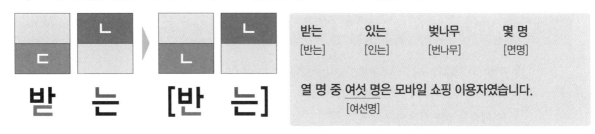

받는	있는	벚나무	몇 명
[반는]	[인는]	[번나무]	[면명]

열 명 중 여섯 명은 모바일 쇼핑 이용자였습니다.
　　　　　　[여선명]

3) ㅂ → [ㅁ]

ㄴ, ㅁ 앞에 있는 받침 ㅂ(ㅍ, ㅃ 포함)은 [ㅁ]으로 바꾸어 발음하세요.

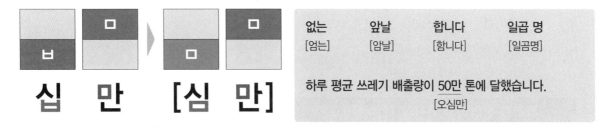

없는	앞날	합니다	일곱 명
[엄는]	[암날]	[함니다]	[일곰명]

하루 평균 쓰레기 배출량이 50만 톤에 달했습니다.
　　　　　　　　[오심만]

4. 등급 UP! 체크리스트

☑ 자료를 빠짐없이, 순서대로 설명했어요?

• 화면에 제시된 각 자료의 내용을 모두 설명해야 합니다. 빠뜨리는 것이 없도록 설명할 순서를 생각해 보세요.
• 단, 자료 설명 후 자신의 의견을 말할 시간도 필요하므로 너무 오랫동안 자료만 설명해서는 안 됩니다. 대답 시간 80초를 '자료 설명하기'와 '의견 말하기'에 적절히 나누어 말하세요.

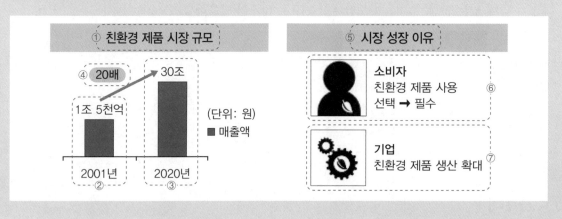

☑ 자료에 나타난 현황을 설명했어요?

• 자료를 분석해서 자료의 수치가 나타내는 것이 무엇인지 말해야 합니다.

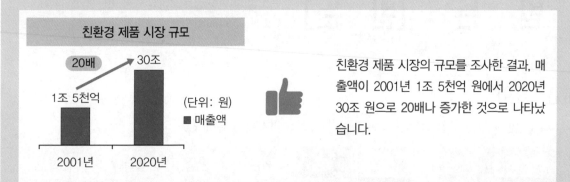

☑ 자료를 설명하는 표현을 사용했어요?

• 그래프를 설명할 때 자주 쓰는 표현과 이유를 말하는 표현이 있습니다.
• 제시된 자료에 어울리는 표현을 골라 자료를 정확하게 설명하세요.

 친환경 제품 시장의 규모를 조사한 결과, 매출액이 2001년 1조 5천억 원에서 2020년 30조 원으로 20배나 증가한 것으로 나타났습니다. 이렇게 친환경 제품 시장이 크게 성장한 이유는 첫째, 소비자들의 인식이 변화하였기 때문입니다.

☑ 자료 내용을 참고해서 의견을 말했어요?

• 전망이나 해결 방법 등의 의견을 말할 때 자료에 나온 내용을 참고해서 말합니다.
• 자료에 나오지 않거나 반대되는 내용을 말하지 않도록 주의하세요.

시장 성장 이유

소비자
친환경 제품 사용
선택 ➡ 필수

기업
친환경 제품 생산 확대

앞으로도 친환경 제품 시장은 확대될 것으로 보입니다. 환경 보호를 실천하려는 사람이 점차 늘고 있기 때문입니다. ➡ 전망

☑ 격식체 종결 어미를 사용해서 말했어요?

• 자료를 분석해서 설명하고 의견을 말할 때, 격식체 종결 어미 'A/V-ㅂ니다/습니다'를 사용합니다.

매출액이 증가한 것으로 나타났습니다. ~ 앞으로도 시장이 커질 것으로 예상됩니다.

매출액이 증가한 것으로 나타났어요. ~ 앞으로도 시장이 커질 것으로 예상돼요.
➡ 종결 어미 'A/V-아/어요'를 사용

☑ 고급 수준의 표현과 문장 길이로 말했어요?

• 초 · 중급 수준의 어휘와 문법만 사용하고 지나치게 짧은 문장으로 말하면 좋은 점수를 받을 수 없습니다.
• 표현과 문장 길이를 고급 수준으로 높여서 말하세요.

〈 고급 수준으로 높이기 〉

어휘 Level up	초 · 중급	소비자들의 생각이 바뀌었기 때문입니다.
	고급	소비자들의 인식이 전환되었기 때문입니다.
문법 Level up	초 · 중급	현금 결제는 감소했지만 신용 카드 결제는 증가했습니다.
	고급	현금 결제는 감소한 반면 신용 카드 결제는 증가했습니다.
문장 Level up	초 · 중급	전자책은 편리해서 좋습니다.
	고급	전자책은 휴대성이 좋아서 가지고 다니면서 언제 어디서나 책을 읽을 수 있다는 장점이 있습니다.

PART 01

04 쑥쑥, 기술 완성하기

1. 기본 문제 (Q5-3/A5-3)

🎧 듣기

> 5번. 자료를 설명하고 자신의 의견을 말하십시오.
> 70초 동안 준비하십시오.
> '삐' 소리가 끝나면 80초 동안 말하십시오.

🎧 (실제 시험에서는 화면에 문제가 보이지 않습니다. 자료만 보입니다.)

뉴스를 듣고 자료에 제시된 사회 현상을 설명하십시오. 그리고 그 현상의 원인과 전망에 대해 말하십시오.

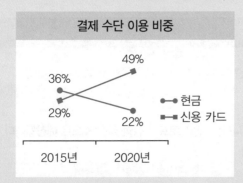

뉴스: 요즘은 현금을 사용하는 일이 줄어서 사람들의 지갑 안에 현금이 많지 않습니다. 조사 자료를 통해 결제 수단이 어떻게 변화했는지, 그리고 그 원인은 무엇인지 알아봤습니다.

메모

1) 대답해야 하는 것: 사회 현상(→ 자료 1),   (→ 자료 2),
....

2) 화제:
....

3) 사회 현상: 현금 사용 감소,
....

　현상의 원인: 신용 카드 결제 보편화로 소액 결제도 가능,
....

4) 전망: 현금 사용 감소   , 결제 수단 다양화
....

메모 확인　1) 현상의 원인, 전망　　2) 결제 수단의 변화　　3) 신용 카드 사용 증가, 현금보다 신용 카드가 간편　　4) 지속

✎ 준비(70초)

순서		내용과 표현
자료 1	현황	
자료 2	이유나 원인 / 영향	
의견	전망	

🎙 대답(80초)

< 점수를 높이는 체크리스트 >

※ 나의 대답이 적절한지 확인해 보세요.

자료를 빠짐없이, 순서대로 설명했어요? ☐

자료에 나타난 현황을 말했어요? ☐

자료를 설명하는 표현을 사용했어요? ☐

자료 내용을 참고해서 의견을 말했어요? ☐

격식체 종결 어미를 사용해서 말했어요? ☐

고급 수준의 표현과 문장 길이로 말했어요? ☐

발음, 억양, 속도가 자연스러웠어요? ☐

'1. 기본 문제'까지 충분히 공부했나요? 이제 '2. 연습 문제'는 다음과 같이 풀어 보세요.

• 답변할 내용 중에서 중요한 단어, 즉 '키워드'를 답안 박스에 써 보세요.
• 키워드를 이용해 소리 내어 답변하며 완성된 문장을 만들어 보세요.
• 자신의 답변을 녹음한 후 '정답 및 해설'의 모범 답안과 비교해 보면 더욱 좋습니다.

2. 연습 문제 (Q5-4/A5-4~Q5-11/A5-11)

1

🎧 **문제 듣기(실제 시험에서는 화면에 문제가 보이지 않습니다. 자료만 보입니다.)**

뉴스를 듣고 자료에 제시된 사회 현상을 설명하십시오. 그리고 그 현상의 이유와 전망에 대해 말하십시오.

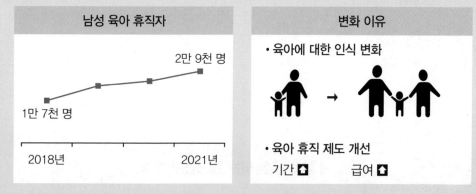

남성 육아 휴직자	변화 이유
2만 9천 명 / 1만 7천 명 / 2018년 / 2021년	• 육아에 대한 인식 변화 → / • 육아 휴직 제도 개선 / 기간 ⬆ 급여 ⬆

뉴스: 육아 휴직자가 증가하고 있는 가운데 남성 육아 휴직자의 수도 늘고 있습니다. 조사 자료를 통해 남성 육아 휴직자가 얼마나 증가했는지, 그리고 그 이유는 무엇인지 알아봤습니다.

순서		내용과 표현
자료 1	현황	
자료 2	이유나 원인	
의견	전망	

❷

뉴스를 듣고 자료에 제시된 사회 현상을 설명하십시오. 그리고 그 현상의 원인과 해결 방법에 대해 말하십시오.

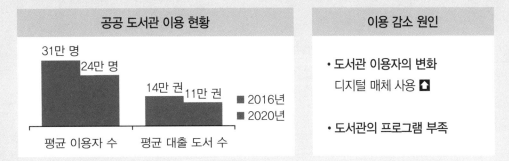

뉴스: 공공 도서관 이용이 줄고 있습니다. 조사 자료를 통해 공공 도서관의 평균 방문자 수와 대출 도서 수가 어떻게 변화했는지, 그리고 그 원인은 무엇인지 알아봤습니다.

순서		내용과 표현
자료 1	현황	
자료 2	이유나 원인	
의견	해결 방법	

3

뉴스를 듣고 자료에 제시된 사회 현상을 설명하십시오. 그리고 그 현상의 이유와 전망에 대해 말하십시오.

전국 초·중·고 학생 수

795만 2천
698만 7천
532만 3천
(단위: 명)

30% 이상 감소

2000년   2011년   2021년

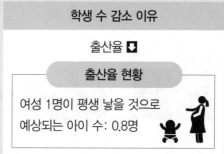

학생 수 감소 이유

출산율 ⬇

출산율 현황

여성 1명이 평생 낳을 것으로
예상되는 아이 수: 0.8명

뉴스: 아동과 청소년의 수가 계속해서 감소하고 있습니다. 통계청 자료를 통해 전국 초·중·고 학생 수가 어떻게 변화했는지, 그리고 그 이유는 무엇인지 알아봤습니다.

순서		내용과 표현
자료 1	현황	
자료 2	이유나 원인	
의견	전망	

4

뉴스를 듣고 자료에 제시된 사회 현상을 설명하십시오. 그리고 발생하는 문제점과 해결 방법에 대해 말하십시오.

다문화 학생 수

5만 명 (2013년) → 16만 명 (2021년)

다문화 가정 88%, 자녀 양육이 어렵다.

다문화 가정의 자녀 양육 어려움

1위 – 학습 지도가 어렵다(언어 문제).
2위 – 진학 · 진로의 정보가 부족하다.

뉴스: 국제결혼과 외국인 근로자의 증가로 다문화 학생의 수도 매년 늘고 있습니다. 조사 자료를 통해 다문화 학생 수가 얼마나 증가했는지, 다문화 가정에서 겪는 어려움은 무엇인지 알아봤습니다.

순서		내용과 표현
자료 1	현황	
자료 2	문제점	
의견	해결 방법	

5

뉴스를 듣고 자료에 제시된 사회 현상을 설명하십시오. 그리고 그 현상의 이유와 전망에 대해 말하십시오.

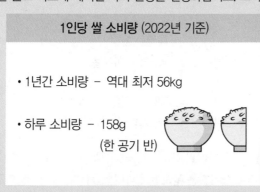

1인당 쌀 소비량 (2022년 기준)

- 1년간 소비량 – 역대 최저 56kg
- 하루 소비량 – 158g
  (한 공기 반)

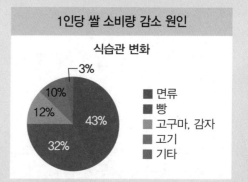

1인당 쌀 소비량 감소 원인

식습관 변화

- 면류 43%
- 빵 32%
- 고구마, 감자 12%
- 고기 10%
- 기타 3%

뉴스: 쌀 소비량이 지속적으로 감소하고 있습니다. 조사 자료를 통해 1인당 쌀 소비량이 어떻게 변화했는지, 그리고 밥을 대신하는 음식은 무엇인지 알아봤습니다.

순서		내용과 표현
자료 1	현황	
자료 2	이유나 원인	
의견	전망	

6

뉴스를 듣고 자료에 제시된 사회 현상을 설명하십시오. 그리고 그 현상의 이유와 전망에 대해 말하십시오.

방송 매체 이용 실태

필수 매체 인식
- 텔레비전은 필수적인 매체다. ➡ 27% 긍정
- 스마트폰은 필수적인 매체다. ➡ 70% 긍정

30대 이하의
시청 시간

 <

TV보다 스마트폰을 선호하는 이유

모바일 환경에 적응
작은 화면도 불편하지 않다.

미디어 이용의 개인화
가족과 함께 ➡ 혼자

뉴스: 스마트폰의 보급률이 높아지면서 스마트폰으로 영상을 시청하는 사람도 많아졌습니다. 조사 자료를 통해 스마트폰과 텔레비전에 대한 인식이 어떻게 변화했는지, 그리고 그 이유는 무엇인지 알아봤습니다.

순서		내용과 표현
자료 1	현황	
자료 2	이유나 원인	
의견	전망	

7

뉴스를 듣고 자료에 제시된 사회 현상을 설명하십시오. 그리고 그 현상의 원인과 해결 방법에 대해 말하십시오.

한국의 지방 인구

소멸 위험 지역 113개 지역
전국 228개 시·군·구의 절반 수준

지방 인구 감소 원인

청년 인구의 이동
• 수도권에 집중된 일자리
• 지역 간 발전 격차 ⬆

뉴스: 인구가 계속 감소해서 소멸 위기에 있는 지역을 소멸 위험 지역이라고 합니다. 조사 자료를 통해 한국의 소멸 위험 지역이 몇 곳인지, 그리고 그 원인은 무엇인지 알아봤습니다.

순서		내용과 표현
자료 1	현황	
자료 2	이유나 원인	
의견	해결 방법	

8

뉴스를 듣고 자료에 제시된 사회 현상을 설명하십시오. 그리고 그 현상의 영향과 전망에 대해 말하십시오.

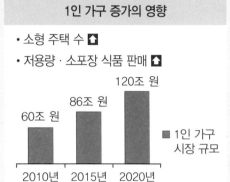

뉴스: 1인 가구의 수가 매년 늘고 있습니다. 조사 자료를 통해 1인 가구 증가로 어떤 변화가 나타났으며 1인 가구 시장이 얼마나 성장했는지 알아봤습니다.

순서		내용과 표현
자료 1	현황	
자료 2	영향	
의견	전망	

유형 6 의견 제시하기

쏙쏙, 유형 맛보기

1. 시험 진행

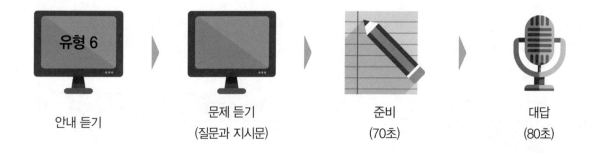

유형 6			
안내 듣기	문제 듣기 (질문과 지시문)	준비 (70초)	대답 (80초)

2. 유형 안내

① 질문을 듣고 주제에 대한 자신의 의견을 논리적으로 말하는 문제입니다.

② 고급 수준으로 출제되며 점수는 15점입니다.

③ 70초 동안 대답을 준비한 후에 80초 동안 대답합니다.

유형	난이도	점수	준비 시간	대답 시간
의견 제시하기	고급	15점	70초	80초

3. 과제 분석

① 삶의 방식이나 가치관에 대한 질문이 주어집니다. 질문을 듣고 구체적인 의견을 제시하거나 찬반 입장을 밝혀야 합니다.

② 다양한 개인적 삶의 가치와 사회 문제가 화제로 제시됩니다.

상황	화제
• 삶의 방식이나 가치관에 대한 질문에 대답하기 　- 구체적인 의견 제시하기 　- 찬반 입장 밝히기	• 개인적 삶의 가치 　**예** 행복, 성공 … • 사회 문제 　**예** 노키즈존, 세대 갈등 …

4. 평가 내용

과제 수행	• 화제에 대한 자신의 의견을 논리적으로 말했는가? • 근거를 들어서 설득력 있게 말했는가?
어휘 · 문법 사용	• 의견 제시에 필요한 어휘와 문법을 사용했는가? • 고급 수준의 표현을 다양하게 사용했는가?
의미 전달력	• 발음이 정확한가? • 억양이 자연스러운가? • 속도가 적절한가?

1. 단계별 전략 이해 (Q6-1/A6-1)

1) '유형 6' 안내를 들으세요.

🎧 안내 듣기 → 문제 듣기 → 준비(70초) → (삐-) 대답(80초)

6번. 질문을 듣고 자신의 의견을 제시하십시오.
70초 동안 준비하십시오.
'삐' 소리가 끝나면 80초 동안 말하십시오.

2) 문제를 잘 들으세요. (화면에는 문제가 보이지 않습니다.)

① 첫 번째 문장(Ⓐ)을 듣고 **화제**를 파악하세요.

② 다음에 나오는 질문과 지시문(Ⓑ)을 듣고 구체적으로 **무엇에 대해 말해야 하는지** 파악하세요.

안내 듣기 → 🎧 문제 듣기 → 준비(70초) → (삐-) 대답(80초)

토론은 어떤 문제에 대해 각자의 의견을 말하며 논의하는 것입니다. ┈┈┈┈┈┈┈┈┈┈┈┈ Ⓐ
토론이 중요한 이유는 무엇입니까? 그리고 토론을 잘하는 방법과 토론을 하는 올바른 태도가 무엇인지 자신의
생각을 말하십시오. ┈┈┈┈┈┈┈┈┈┈┈┈┈┈┈┈┈┈ Ⓑ

3) 대답을 준비하세요.

① 질문한 순서대로 대답할 수 있도록 키워드를 메모하세요.

② 논리적이고 설득력 있게 답하기 위해 의견과 근거를 함께 생각하세요.

③ 가능한 한 다양한 어휘와 문법을 사용해서 각 질문의 답을 2~4개의 문장으로 준비하세요.

안내 듣기 ➡ 문제 듣기 ➡ ✎ 준비(70초) ➡ (삐–) 대답(80초)

순서	내용	표현
중요한 이유	• 토론 – 의견 통합, 갈등 해결 – 입장 이해, 합리적 의사 결정	• N을/를 통해 • A/V–(으)ㄴ/는 역할을 하다
잘하는 방법	• 집중해서 끝까지 듣기: 주장 반박 가능 • 근거 들기: 상대방 설득 가능	• A/V–아/어야 하다 • A/V–기 때문이다 • A/V–아/어야 A/V–(으)ㄹ 수 있다
올바른 태도	• 말싸움 × • 열린 마음, 존중, 예의	• N이/가 아니라 • A/V–아/어야 하다

4) 준비한 내용을 말하세요.

고급 수준에 맞는 발음, 억양, 속도를 유지하면서 문제에 나온 질문에 모두 답하세요.

안내 듣기 ➡ 문제 듣기 ➡ 준비(70초) ➡ 🎤 (삐–) 대답(80초)

순서	모범 답안
중요한 이유	토론은 사람들의 의견이 달라서 갈등이 발생할 때 의견을 통합하고 갈등을 해결해 주는 중요한 역할을 합니다. 즉, 우리는 토론을 통해 서로의 입장을 이해하고 합리적인 의사 결정을 할 수 있습니다.
잘하는 방법	토론을 잘하기 위해서는 먼저 상대방의 주장을 끝까지 집중해서 들어야 합니다. 내용을 정확하게 이해하지 못하면 상대방의 주장을 반박할 수 없기 때문입니다. 그리고 근거를 들어서 자신의 의견을 주장해야 합니다. 객관적이고 논리적인 근거를 들어서 자신의 주장을 펼쳐야 상대방을 설득할 수 있습니다.
올바른 태도	토론은 말싸움이 아니라 서로의 의견을 확인하고 최선의 결정을 하기 위해 노력하는 과정입니다. 따라서 열린 마음을 가지고 자신과 다른 의견을 존중하면서 예의를 갖춰서 토론에 임해야 합니다.

2. 상황별 핵심 전략 (Q6-1/A6-1~Q6-3/A6-3)

'유형 6'에서는 화제에 대한 구체적인 의견을 제시하는 문제, 찬성 또는 반대 입장을 밝히는 문제가 출제됩니다. 상황별로 어떻게 대답을 준비해야 하는지 알아 두세요.

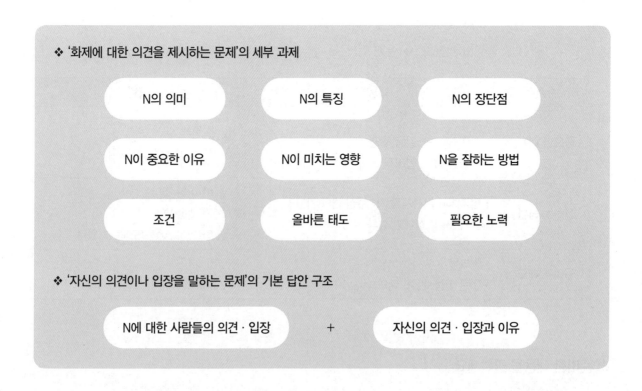

❖ '화제에 대한 의견을 제시하는 문제'의 세부 과제

N의 의미	N의 특징	N의 장단점
N이 중요한 이유	N이 미치는 영향	N을 잘하는 방법
조건	올바른 태도	필요한 노력

❖ '자신의 의견이나 입장을 말하는 문제'의 기본 답안 구조

N에 대한 사람들의 의견 · 입장   +   자신의 의견 · 입장과 이유

상황 1 화제에 대한 의견을 제시하는 문제 1

① 화제에 대한 구체적인 의견을 제시하는 문제입니다.

② 문제에서 요구하는 세부 과제가 여러 개입니다. 문제를 들을 때 세부 과제를 놓치지 않도록 메모하며 들어야 합니다.

🎧 문제 듣기(실제 시험에서는 화면에 문제가 보이지 않습니다.)

토론은 어떤 문제에 대해 각자의 의견을 말하며 논의하는 것입니다. 토론이 중요한 이유는 무엇입니까? 그리고 토론을 잘하는 방법과 토론을 하는 올바른 태도가 무엇인지 자신의 생각을 말하십시오.

표현 Tip 이렇게 대답해 보세요!

① 화제의 역할과 중요성을 설명하세요.

② 잘할 수 있는 방법을 말한 후에 설명을 추가하세요. 2개 이상 준비해서 차례대로 말합니다.

③ 앞에서 말한 것과 관련해서 올바른 태도에 대해 말하세요.

순서	모범 답안
중요한 이유	**화제의 역할과 중요성 말하기** 📄 토론은 사람들의 의견이 달라서 갈등이 발생할 때 의견을 통합하고 갈등을 해결해 주는 중요한 역할을 합니다. 즉, 우리는 토론을 통해 서로의 입장을 이해하고 합리적인 의사 결정을 할 수 있습니다.
잘하는 방법	**잘하는 방법 두 가지 설명하기** 📄 토론을 잘하기 위해서는 먼저 상대방의 주장을 끝까지 집중해서 들어야 합니다. 내용을 정확하게 이해하지 못하면 상대방의 주장을 반박할 수 없기 때문입니다. 그리고 근거를 들어서 자신의 의견을 주장해야 합니다. 객관적이고 논리적인 근거를 들어서 자신의 주장을 펼쳐야 상대방을 설득할 수 있습니다.
올바른 태도 / 필요한 노력	**올바른 태도 말하기** 📄 토론은 말싸움이 아니라 서로의 의견을 확인하고 최선의 결정을 하기 위해 노력하는 과정입니다. 따라서 열린 마음을 가지고 자신과 다른 의견을 존중하면서 예의를 갖춰서 토론에 임해야 합니다.

※ 앞에서 공부한 문제이지요? 배운 내용을 떠올리면서 소리 내어 읽어 보세요.

① 화제에 대한 구체적인 의견을 제시하는 문제입니다.

② 문제에서 요구하는 세부 과제가 여러 개입니다. 문제를 들을 때 세부 과제를 놓치지 않도록 메모하며 들어야 합니다.

🎧 문제 듣기(실제 시험에서는 화면에 문제가 보이지 않습니다.)

우리는 인생에서 크고 작은 실패를 경험하게 됩니다. 실패는 인생에 어떤 영향을 주고, 그 이유는 무엇입니까? 실패를 대하는 올바른 태도나 실패를 잘 극복하기 위해 필요한 노력이 무엇인지 자신의 생각을 말하십시오.

표현 Tip   이렇게 대답해 보세요!

① 먼저 사람들이 화제에 대해서 일반적으로 생각하는 것을 말하세요.

② 일반적인 생각과 자신의 생각이 다르면 그 이유도 설명하세요. 이유는 누구나 공감할 수 있는 객관적인 것이어야 합니다.

③ 앞에서 말한 생각과 달라지지 않도록 일관성 있게 말하세요.

순서	모범 답안
일반적인 생각	**화제에 대한 일반적인 생각 말하기** 예 흔히 실패를 부정적인 것으로만 생각하고 실패를 두려워합니다.
나의 생각과 이유	**나의 생각과 이유 설명하기** 예 그러나 저는 실패가 더 나은 인생을 살 수 있는 기회라고 생각합니다. 물론 실패는 두려운 것이지만 실패를 통해서 많은 것을 배우고 성장할 수 있기 때문입니다. 아무것도 시도하지 않고 변화가 없는 인생을 사는 것보다는 실패하더라도 다시 도전하면서 발전을 기대하는 것이 낫다고 생각합니다.
올바른 태도 / 필요한 노력	**올바른 태도 말하기** 예 누구나 실패를 할 수 있습니다. 결과에 낙심하지 말고 실패의 원인을 살펴보는 것이 중요합니다. 그리고 실패의 경험을 자산으로 삼아 용기와 자신감을 키워 가야 합니다.

상황 3 **찬성 또는 반대 입장을 밝히는 문제**

① 찬반 의견이 나뉘는 사회 문제에 대해 자신의 입장을 밝히는 문제입니다.

② 찬성 또는 반대 중 이유가 더 많이 생각나는 쪽을 선택하는 것이 좋습니다.

🎧 문제 듣기(실제 시험에서는 화면에 문제가 보이지 않습니다.)

지역의 문화재를 관람객에게 개방하는 것을 어떻게 생각합니까? 문화재 개방에 **찬성**합니까? 반대합니까? 그 이유는 무엇인지 두 가지 이상 말하십시오.

표현 Tip 이렇게 대답해 보세요!

① 화제에 대한 두 가지 입장(찬성과 반대)을 소개하세요.

② 찬성과 반대 중에서 자신의 입장을 말하고 이유를 2개 이상 말하세요.

③ 앞에서 말한 것을 요약하여 자신의 입장을 한번 더 말하세요.

순서	모범 답안
두 가지 입장 소개	**화제에 대한 두 가지 입장 소개하기** 예 지역 문화재의 개방에 대해서 찬성하는 입장과 반대하는 입장이 있습니다.
나의 입장과 이유	**자신의 입장과 이유 말하기** 예 저는 문화재를 개방할 필요가 있다고 생각합니다. 먼저 문화제를 개방하면 사람들이 직접 문화재를 볼 수 있게 됩니다. 문화재에는 역사와 정신이 담겨 있으므로 많은 사람이 관람하고 즐길수록 우리의 미래 문화도 발전할 수 있을 것입니다. 다음으로 문화재를 개방하면 지역 경제 발전에 도움이 됩니다. 문화재를 관람하기 위해 지역을 방문하는 사람이 늘면 지역 경제 전체가 활성화되기 때문입니다.
입장 강조	**자신의 입장 강조하기** 예 이처럼 문화재를 개방해서 얻을 수 있는 이점이 많기 때문에 문화재를 개방해서 관광지로 개발해야 한다고 생각합니다.

1. 기능 표현

1) 일반적인 생각(편견)을 소개한 후 자신의 생각을 말하는 표현

• 흔히 N(이)라고 생각합니다 ┃ 흔히 A-다고 생각합니다 ┃ 흔히 V-ㄴ/는다고 생각합니다

예 흔히 실패를 부정적인 것이라고 생각합니다.

흔히 아이에게 칭찬을 많이 해 주면 좋다고 생각합니다.

흔히 노력을 하면 바로 그 성과가 나타난다고 생각합니다.

• N(이)라고 생각하는 사람이 많습니다 ┃ A-다고 생각하는 사람이 많습니다 ┃ V-ㄴ/는다고 생각하는 사람이 많습니다

예 실패를 부정적인 것이라고 생각하는 사람이 많습니다.

아이에게 칭찬을 많이 해 주면 좋다고 생각하는 사람이 많습니다.

노력을 하면 바로 그 성과가 나타난다고 생각하는 사람이 많습니다.

• 그러나 저는 N(이)라고 생각합니다 ┃ 그러나 저는 A-다고 생각합니다 ┃ 그러나 저는 V-ㄴ/는다고 생각합니다

예 그러나 저는 실패가 많은 것을 배울 수 있는 기회라고 생각합니다.

그러나 저는 아이를 무조건 칭찬하는 것은 바람직하지 않다고 생각합니다.

그러나 저는 일의 특성에 따라 성과가 나타나는 시기는 달라진다고 생각합니다.

2) 원인이나 이유를 설명하는 표현

• N에 반대하는 이유는 A/V-기 때문입니다

예 문화재 개방에 반대하는 첫 번째 이유는 문화재 훼손 가능성이 높기 때문입니다.

인터넷 실명제 시행에 반대하는 이유는 표현의 자유가 침해되기 때문입니다.

• N(으)로 인해

예 식당에서 소란을 피우는 아이들로 인해 다른 손님들이 불편을 겪게 됩니다.

3) 비교해서 말하는 표현

• N 못지않게

예 현대 사회에서는 신체적 건강 못지않게 정신적 건강도 중요합니다.

• N에 비해

예 일하는 시간에 비해 연봉 수준이 낮은 회사는 입사를 고민하게 됩니다.

4) 필요성이나 중요성을 강조하는 표현

- V-는 데 중요한 역할을 합니다

  예 독서는 아이의 어휘력을 향상시키는 데 중요한 역할을 합니다.

- V-아/어야 V-(으)ㄹ 수 있습니다

  예 적성에 맞는 일을 직업으로 선택해야 즐기면서 일할 수 있습니다.

5) 조건, 방법, 노력, 태도 등을 강조하는 표현

- V-기 위해서는 V-아/어야 합니다 ┃ V-기 위해서는 V-(으)ㄹ 필요가 있습니다

  예 토론을 잘하기 위해서는 먼저 상대방의 주장을 집중해서 들어야 합니다.

  도서관 이용을 활성화하기 위해서는 디지털 서비스를 강화할 필요가 있습니다.

- V-도록 V-아/어야 합니다 ┃ V-도록 V-(으)ㄹ 필요가 있습니다

  예 학교 폭력 피해 사실을 쉽게 알릴 수 있도록 관련 시설을 확대해야 합니다.

  인터넷을 이용할 때 개인 정보가 유출되지 않도록 주의할 필요가 있습니다.

6) 찬성과 반대의 의견을 소개하는 표현

- N에 찬성하는 의견(/입장)과 반대하는 의견(/입장)이 있습니다

  예 지역의 문화재 개방에 찬성하는 의견과 반대하는 의견이 있습니다.

- N을/를 V-아/어야 한다는 의견(/입장)과 V-지 말아야 한다는 의견(/입장)이 있습니다

  예 지역의 문화재를 개방해야 한다는 입장과 개방하지 말아야 한다는 입장이 있습니다.

- N에 대한 의견은 찬성과 반대로 나뉩니다

  예 식당과 카페의 노키즈존 운영에 대한 의견은 찬성과 반대로 나뉩니다.

7) 찬성 또는 반대 입장을 밝히는 표현

- 저는 N에 찬성(↔ 반대)합니다 ┃ 저는 N을/를 V-아/어야 한다고 생각합니다

  예 저는 문화재 개방에 찬성합니다.

  저는 문화재를 사람들에게 개방해야 한다고 생각합니다.

8) 자신의 입장을 강조하는 표현

- (이처럼) A/V-기 때문에 A-다고 생각합니다 ┃ (이처럼) A/V-기 때문에 V-ㄴ/는다고 생각합니다

  예 이처럼 교육의 효과가 크기 때문에 조기 교육이 필요하다고 생각합니다.

  신조어는 언어 습관에 부정적인 영향을 주기 때문에 사용해서는 안 된다고 생각합니다.

2. 실력 UP! 자연스럽게 말하기 (P6)

붙여서 말하기 & 끊어서 말하기	자연스럽게 말하기 위해서는 적절하게 붙이거나 끊어서 말해야 합니다. 다음을 따라 읽으면 서 연습해 보세요.

1) 붙여서 말하기

1음절어	1음절어 앞이나 뒤에 의미상 관련된 말이 오면 붙여서 말하세요. 예 적성에 안 맞는 일은 오랫동안 하기 어렵습니다. 　　　　　[안만는] 예 토론을 통해 합리적인 의사 결정을 할 수 있습니다. 　　　　　　　　　　　　　[할쑤]
V + 보조 A/V	동사 뒤에 보조 형용사나 보조 동사가 오면 붙여서 말하세요. 예 직장에서 다양한 업무를 하면서 경험을 쌓고 싶습니다. 　　　　　　　　　　　　　　　　[싸코십씀니다] 예 여러 사람들의 의견을 들어 보십시오. 　　　　　　　　　[드러보십씨오]

2) 끊어서 말하기

주어 뒤	의미가 잘 전달되도록 주어 뒤에서 끊어서 말하세요. 예 성공의 의미는 / 사람마다 다릅니다. 예 훼손된 자연환경은 / 복구하기가 어렵습니다.
연결 어미 뒤	긴 문장은 연결 어미 뒤에서 끊어서 말하세요. 예 사람들과 함께 일할 때 / 의사소통이 제대로 되지 않으면 / 불필요한 오해가 생겨서 / 갈등을 겪게 됩니다. 예 토론은 / 말싸움이 아니라 / 서로의 의견을 확인하고 / 최선의 결정을 하기 위해 / 노 력하는 과정입니다.

3. 등급 UP! 체크리스트

☑ 질문에 모두 답했어요?

• 각 질문에 대한 답을 모두 말해야 합니다.

 토론이 중요한 이유는 무엇입니까? 그리고 토론을 잘하는 방법과 토론을 하는 올바른 태도가 무엇인지 자신의 생각을 말하십시오.

 토론이 중요한 이유는 ~. 토론을 잘하기 위해서는 ~. 토론을 할 때는 ~.

☑ 일반적인 사실을 근거로 들었어요?

• 사람들이 공감할 수 있는 일반적인 사실을 근거로 들면 설득력 있게 말할 수 있습니다.

 저는 조기 교육을 하는 것에 찬성합니다. 조기 교육은 아이의 재능을 일찍 발견하는 기회가 되기 때문입니다.

 저는 조기 교육을 하는 것에 찬성합니다. 조기 교육을 받는 사촌 동생이 힘들어 하는 것을 보았기 때문입니다. ➡ 일반적 사실이 아님

☑ 일관성 있게 의견을 말했어요?

• 처음부터 끝까지 같은 의견을 유지하면서 논리적으로 말해야 합니다.

 저는 신조어 사용에 찬성합니다. 찬성하는 첫 번째 이유는 ~. 두 번째 이유는 ~. 신조어는 이런 장점이 있기 때문에 사용해도 된다고 생각합니다.

 저는 신조어 사용에 찬성합니다. 찬성하는 첫 번째 이유는 ~. 두 번째 이유는 ~. 그렇지만 신조어는 사용하지 말아야 합니다. ➡ 일관성이 없음

☑ 풍부한 내용으로 의견을 충분히 설명했어요?

- 80초 동안 자신의 의견을 말하기 위해서는 내용을 풍부하게 만들어야 합니다.
- 생각한 내용을 충분히 설명하고 효과적으로 전달할 수 있도록 다음과 같은 방법을 사용하세요.

〈 내용을 풍부하게 만들기 〉

1. **이유 말하기:** (왜냐하면) A/V-기 때문입니다

$$\boxed{의견} + \boxed{이유}$$

예 문화재 개방은 지역 경제에 긍정적인 영향을 줍니다. 왜냐하면 문화재를 관람하기 위해 지역을 방문하는 관광객이 늘어나기 때문입니다.

2. **예를 들어 말하기:** 예를 들어(/들면) ∼

$$\boxed{의견} + \boxed{예시}$$

예 문화재를 보호할 수 있는 관리 규정이 필요합니다. 예를 들면 하루 입장객의 수를 제한하거나 부분적으로 개방하는 규정을 마련하는 것이 좋습니다.

3. **반대되는 내용 말하기:** 그러나(/그런데/반면에)

$$\boxed{의견} + \boxed{반대 내용}$$

예 문화재를 개방하면 많은 사람들이 문화재를 관람하고 즐길 수 있습니다. 그러나 관광객으로 인해 문화재가 훼손되는 문제도 발생합니다.

04 쑥쑥, 기술 완성하기

1. 기본 문제 (Q6-4/A6-4)

🎧 듣기

> 6번. 질문을 듣고 자신의 의견을 제시하십시오.
> 70초 동안 준비하십시오.
> '삐' 소리가 끝나면 80초 동안 말하십시오.

🎧 (실제 시험에서는 화면에 문제가 보이지 않습니다.)

현대 사회는 어떤 특징이 있습니까? 현대 사회에 필요한 인재의 조건은 무엇인지, 그리고 그러한 인재가 되기 위해 어떤 노력이 필요한지 자신의 생각을 말하십시오.

메모

1) 화제: 의 인재상
....

2) 대답해야 하는 것: 현대 사회의   , 현대 사회에 필요한   ,
....

   인재가 되기 위해 필요한
....

메모 확인   1) 현대 사회   2) 특징, 인재의 조건, 노력

✏️ 준비(70초)

순서	내용과 표현
특징	
조건	
필요한 노력	

🎤 대답(80초)

< 점수를 높이는 체크리스트 >

※ 나의 대답이 적절한지 확인해 보세요.

질문에 모두 답했어요? ☐

일반적인 사실을 근거로 들었어요? ☐

일관성 있게 의견을 말했어요? ☐

풍부한 내용으로 의견을 충분히 설명했어요? ☐

격식체 종결 어미를 사용해서 말했어요? ☐

고급 수준의 표현과 문장 길이로 말했어요? ☐

발음, 억양, 속도가 자연스러웠어요? ☐

'1. 기본 문제'까지 충분히 공부했나요? 이제 '2. 연습 문제'는 다음과 같이 풀어 보세요.

• 답변할 내용 중에서 중요한 단어, 즉 '키워드'를 답안 박스에 써 보세요.
• 키워드를 이용해 소리 내어 답변하며 완성된 문장을 만들어 보세요.
• 자신의 답변을 녹음한 후 '정답 및 해설'의 모범 답안과 비교해 보면 더욱 좋습니다.

2. 연습 문제 (Q6-5/A6-5~Q6-12/A6-12)

1️⃣

🎧 **문제 듣기(실제 시험에서는 화면에 문제가 보이지 않습니다.)**

돈이 많으면 더 행복하다고 생각합니까? 경제적 조건은 행복에 어떤 영향을 줍니까? 행복한 삶을 살기 위해 어떤 노력이 필요한지 자신의 생각을 말하십시오.

순서	내용과 표현
일반적인 생각	
나의 생각과 이유	
필요한 노력	

2️⃣

🎧 **문제 듣기(실제 시험에서는 화면에 문제가 보이지 않습니다.)**

인공 지능 기술이 발달하면서 다양한 분야에 인공 지능 로봇이 도입되고 있습니다. 인공 지능 로봇의 긍정적인 면과 부정적인 면은 무엇입니까? 그리고 인공 지능 로봇을 이용하는 올바른 태도는 무엇인지 자신의 생각을 말하십시오.

순서		내용과 표현
두 가지 입장 소개	긍정적인 면	
	부정적인 면	
올바른 태도		

③

인터넷의 발달은 우리 생활에 많은 영향을 미쳤습니다. 인터넷 발달의 긍정적인 면과 부정적인 면은 무엇입니까? 그리고 인터넷 기술을 이용하는 올바른 태도는 무엇인지 자신의 생각을 말하십시오.

순서		내용과 표현
두 가지 입장 소개	긍정적인 면	
	부정적인 면	
올바른 태도		

④

직장을 선택할 때 중요하게 생각하는 것이 무엇입니까? 일하고 싶은 직장의 조건 두 가지와 그 이유를 말하십시오. 그리고 자신에게 맞는 직장을 선택하기 위해 어떤 준비가 필요한지 자신의 생각을 말하십시오.

순서	내용과 표현
중요한 조건	
준비	

5

노키즈존은 아이들의 출입을 제한하는 식당이나 카페 등을 말합니다. 한국에는 400개 이상의 노키즈존이 있다고 합니다. 노키즈존 운영에 찬성합니까? 반대합니까? 그 이유는 무엇인지 두 가지 이상 말하십시오.

순서	내용과 표현
두 가지 입장 소개	
나의 입장과 이유	
입장 강조	

6

요즘 새로 생긴 말, 즉 신조어를 사용하는 사람들이 많습니다. 신조어를 사용하는 것을 어떻게 생각합니까? 신조어 사용에 찬성합니까? 반대합니까? 그 이유는 무엇인지 두 가지 이상 말하십시오.

순서	내용과 표현
두 가지 입장 소개	
나의 입장과 이유	
입장 강조	

7

🎧 문제 듣기(실제 시험에서는 화면에 문제가 보이지 않습니다.)

아이가 초등학교에 입학하기 전에 다양한 교육을 실시하는 것을 조기 교육이라고 합니다. 조기 교육에 대해 어떻게 생각합니까? 조기 교육에 찬성합니까? 반대합니까? 그 이유는 무엇인지 두 가지 이상 말하십시오.

순서	내용과 표현
두 가지 입장 소개	
나의 입장과 이유	
입장 강조	

8

🎧 문제 듣기(실제 시험에서는 화면에 문제가 보이지 않습니다.)

인터넷 실명제는 인터넷 이용자가 본인의 신분을 밝힌 후 글을 작성하도록 하는 제도입니다. 인터넷 실명제를 시행하는 것에 찬성합니까? 반대합니까? 그 이유는 무엇인지 두 가지 이상 말하십시오.

순서	내용과 표현
두 가지 입장 소개	
나의 입장과 이유	
입장 강조	

PART

02

실전처럼 풀어 보는
TOPIK 말하기 모의고사

제 1 회 실전 모의고사

정답 및 해설 26쪽

1 (Q7-1/A7-1)

🎧 질문을 듣고 대답하십시오.
20초 동안 준비하십시오. '삐' 소리가 끝나면 30초 동안 말하십시오.

문제 듣기 → 준비(20초) → 대답(30초)

2 (Q7-2/A7-2)

🎧 그림을 보고 질문에 대답하십시오.
30초 동안 준비하십시오. '삐' 소리가 끝나면 40초 동안 말하십시오.

문제 듣기 → 준비(30초) → 대답(40초)

❸ (Q7-3/A7-3)

🎧 그림을 보고 순서대로 이야기하십시오.
40초 동안 준비하십시오. '삐' 소리가 끝나면 60초 동안 말하십시오.

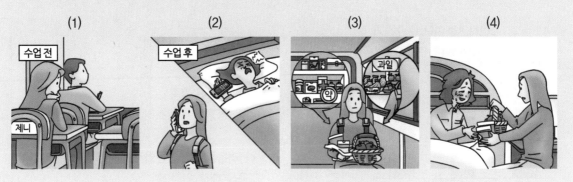

(1) 수업 전 / 제니
(2) 수업 후
(3) 약 / 과일
(4)

문제 듣기 ➡ 준비(40초) ➡ 대답(60초)

❹ (Q7-4/A7-4)

🎧 대화를 듣고 이어서 말하십시오.
40초 동안 준비하십시오. '삐' 소리가 끝나면 60초 동안 말하십시오.

문제 듣기 ➡ 준비(40초) ➡ 대답(60초)

5 (Q7-5/A7-5)

🎧 자료를 설명하고 자신의 의견을 제시하십시오.
70초 동안 준비하십시오. '삐' 소리가 끝나면 80초 동안 말하십시오.

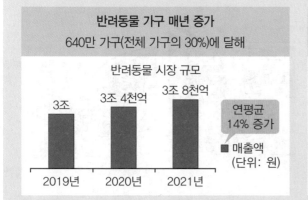

반려동물 가구 매년 증가	시장 성장 이유
640만 가구(전체 가구의 30%)에 달해	

반려동물 가구 매년 증가
640만 가구(전체 가구의 30%)에 달해

반려동물 시장 규모

3조 (2019년), 3조 4천억 (2020년), 3조 8천억 (2021년)

연평균 14% 증가
■ 매출액 (단위: 원)

시장 성장 이유

• 반려동물은 가족
  반려동물을 위한 소비 ⬆

• 반려동물 산업 전문화, 세분화
  음식, 패션, 건강 등

문제 듣기 → 준비(70초) → 대답(80초)

6 (Q7-6/A7-6)

🎧 질문을 듣고 자신의 의견을 제시하십시오.
70초 동안 준비하십시오. '삐' 소리가 끝나면 80초 동안 말하십시오.

문제 듣기 → 준비(70초) → 대답(80초)

제**2**회 **실전 모의고사**

정답 및 해설 29쪽

1 (Q8-1/A8-1)

🎧 질문을 듣고 대답하십시오.

　20초 동안 준비하십시오. '삐' 소리가 끝나면 30초 동안 말하십시오.

문제 듣기 ➡ 준비(20초) ➡ 대답(30초)

2 (Q8-2/A8-2)

🎧 그림을 보고 질문에 대답하십시오.

　30초 동안 준비하십시오. '삐' 소리가 끝나면 40초 동안 말하십시오.

문제 듣기 ➡ 준비(30초) ➡ 대답(40초)

❸ (Q8-3/A8-3)

🎧 그림을 보고 순서대로 이야기하십시오.

40초 동안 준비하십시오. '삐' 소리가 끝나면 60초 동안 말하십시오.

(1)   (2)   (3)   (4)

문제 듣기 ➡ 준비(40초) ➡ 대답(60초)

❹ (Q8-4/A8-4)

🎧 대화를 듣고 이어서 말하십시오.

40초 동안 준비하십시오. '삐' 소리가 끝나면 60초 동안 말하십시오.

문제 듣기 ➡ 준비(40초) ➡ 대답(60초)

5 (Q8-5/A8-5)

🎧 자료를 설명하고 자신의 의견을 제시하십시오.
　　70초 동안 준비하십시오. '삐' 소리가 끝나면 80초 동안 말하십시오.

학교 폭력 현황

• 전국 초 · 중 · 고 학교 폭력 피해 학생 수 5만 4천 명,
　전체 학생의 1.7%

　　　　　2013년 이후 최고

• 초등학교는 3.8% 차지

학생들이 생각하는
학교 폭력 발생 이유

1위 – 가해 학생 처벌 부족
2위 – 도움 요청의 어려움

문제 듣기 ➔ 준비(70초) ➔ 대답(80초)

6 (Q8-6/A8-6)

🎧 질문을 듣고 자신의 의견을 제시하십시오.
　　70초 동안 준비하십시오. '삐' 소리가 끝나면 80초 동안 말하십시오.

문제 듣기 ➔ 준비(70초) ➔ 대답(80초)

제3회 실전 모의고사

정답 및 해설 33쪽

1 (Q9-1/A9-1)

🎧 질문을 듣고 대답하십시오.
20초 동안 준비하십시오. '삐' 소리가 끝나면 30초 동안 말하십시오.

문제 듣기 ➡ 준비(20초) ➡ 대답(30초)

2 (Q9-2/A9-2)

🎧 그림을 보고 질문에 대답하십시오.
30초 동안 준비하십시오. '삐' 소리가 끝나면 40초 동안 말하십시오.

문제 듣기 ➡ 준비(30초) ➡ 대답(40초)

3 (Q9-3/A9-3)

🎧 그림을 보고 순서대로 이야기하십시오.

40초 동안 준비하십시오. '삐' 소리가 끝나면 60초 동안 말하십시오.

(1) (2) (3) (4)

문제 듣기 → 준비(40초) → 대답(60초)

4 (Q9-4/A9-4)

🎧 대화를 듣고 이어서 말하십시오.

40초 동안 준비하십시오. '삐' 소리가 끝나면 60초 동안 말하십시오.

문제 듣기 → 준비(40초) → 대답(60초)

5 (Q9-5/A9-5)

🎧 자료를 설명하고 자신의 의견을 제시하십시오.
　70초 동안 준비하십시오. '삐' 소리가 끝나면 80초 동안 말하십시오.

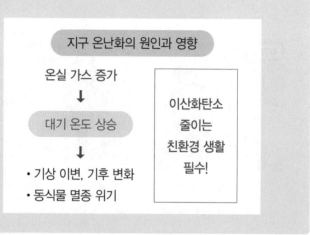

문제 듣기 ➡ 준비(70초) ➡ **대답(80초)**

---

6 (Q9-6/A9-6)

🎧 질문을 듣고 자신의 의견을 제시하십시오.
　70초 동안 준비하십시오. '삐' 소리가 끝나면 80초 동안 말하십시오.

문제 듣기 ➡ 준비(70초) ➡ **대답(80초)**

좋은 책을 만드는 길, 독자님과 함께 하겠습니다.

한국어능력시험 TOPIK 말하기 표현 마스터

초 판 발 행	2023년 05월 10일 (인쇄 2023년 04월 26일)
발 행 인	박영일
책 임 편 집	이해욱
편 저	김지민
편 집 진 행	구설희
표지디자인	조혜령
편집디자인	홍영란 · 채현주 · 윤준호
그 린 이	전성연 · 기도연
발 행 처	(주)시대고시기획
출 판 등 록	제10-1521호
주 소	서울시 마포구 큰우물로 75 [도화동 538 성지 B/D] 9F
전 화	1600-3600
팩 스	02-701-8823
홈 페 이 지	www.sdedu.co.kr

I S B N	979-11-383-5098-3 (13710)
정 가	20,000원

무엇이든 넓게 경험하고 파고들어
스스로를 귀한 존재로 만들어라.

– 세종대왕 –

TOPIK 완벽 대비, 한 번에 제대로 공부하자!

시대에듀 - 임준

TOPIK STUDY
All-in-One Guide

토픽 II
한번에 통과하기

어휘, 문법 1
Voca, Grammar

TOPIK 전문 교수와 함께하는
〈토픽 I · II 한 번에 통과하기〉 무료 동영상 강의

영역별
공략 비법
+
핵심
이론
+
문제
풀이

강의 도서

〈TOPIK I 한 번에 통과하기〉

〈TOPIK II 한 번에 통과하기〉

※ 임준 선생님의 유튜브 채널 'TOPIK STUDY'에서도 동일한 강의가 무료로 제공됩니다.

수강 방법

SD에듀(www.sdedu.co.kr) 접속 ▶ 학습 자료실 ▶
무료 특강 ▶ 자격증/면허증 ▶ 언어/어학 ▶ TOPIK 클릭 ▶
'TOPIK I · II 한 번에 통과하기' 클릭

자격증/면허증 > 언어/어학 > TOPIK

	TOPIK II 한 번에 통과하기!	
▶	교 수 : 임준 강의수 : 14강 수강기간 : 30일 수강료 : 0원	목차보기
▶	TOPIK I 한 번에 통과하기! 교 수 : 임준 강의수 : 9강 수강기간 : 30일 수강료 : 0원	목차보기
▶	[토픽] TOPIK 영역별 공략강의 교 수 : 임준 강의수 : 8강 수강기간 : 30일 수강료 : 0원	목차보기

※ 강의 제목 및 커리큘럼은 바뀔 수 있습니다.

한국인이 되는 합격의 공식

어휘력 향상을 위한 가장 효율적인 방법!

한국어 공부 POINT 2

풍부한 어휘로 기초 다지기 **+** 필수 문법으로 실력 다지기

진정한 한국인이 되기 위한 첫걸음!

한국어 공부 POINT 3

영역별 핵심이론 **+** 기출 유형 완벽 반영 **+** 모의고사로 최종 마무리

달라진 사회통합프로그램 & 귀화 시험, 남다른 전략!

사회통합프로그램 POINT 3

영역별 핵심이론 **+** 모의고사로 최종 마무리 **+** 면접심사 기출·예상 문제

한국어능력시험

TOPIK

토픽

저자 : 김지민

말하기 표현
MASTER 마스터

Speaking 说话 スピーキング

14년 연속
시리즈
1위

정답 및 해설

SD에듀
(주)시대고시기획

정답
및
해설

모범 답안

유형 1 질문에 대답하기

1. 기본 문제

• 화제: 고향

순서		모범 답안
질문에 대한 답	화제	제 고향은 태국 방콕이에요.
	설명 1	방콕은 사람이 아주 많고 큰 도시예요.
추가하면 좋은 내용	설명 2	• 저는 10살(열 살) 때부터 거기에 살았어요. 날씨는 한국보다 더워요. 특히 4월(사 월)부터 5월(오 월)까지 아주 더워요. • 제 고향에는 유명한 왕궁과 사원이 있어서 많은 사람들이 여행을 가요.

2. 연습 문제

1 화제: 직업

순서		모범 답안
질문에 대한 답	화제	저는 영어 선생님이에요.
	설명 1	초등학생들에게 영어를 가르치는데 재미있어요.
추가하면 좋은 내용	설명 2	• 작년 2월(이 월)부터 초등학교에서 수업을 하고 있어요. • 저는 대학교에서 영어 교육을 전공했어요. 아이들을 좋아해서 초등학교 영어 선생님이 됐어요. 아이들과 수업을 하면 정말 즐거워요.

2 화제: 취미

순서		모범 답안
질문에 대한 답	화제	제 취미는 등산이에요.
	설명 1	우리 고향에는 산이 많이 있어서 등산을 하는 사람이 많아요. 저도 고향에서 주말마다 등산을 했어요. 지금도 주말이 되면 집 근처 산에 올라가요.
추가하면 좋은 내용	설명 2	• 우리 가족들은 등산을 별로 좋아하지 않아요. 그래서 보통 친구들과 같이 등산을 가요. • 등산할 때는 아름다운 경치를 구경할 수 있어서 참 좋아요.

③ 화제: 가족

순서		모범 답안
질문에 대한 답	화제	우리 아버지는 회사원이세요.
	설명 1	바쁘시지만 가족들과 시간을 많이 보내려고 노력하세요.
추가하면 좋은 내용	설명 2	• 아버지는 성실하고 마음이 따뜻한 분이세요. 그래서 저는 힘든 일이 있을 때 아버지께 가장 먼저 이야기를 해요. • 아버지는 사진 찍는 것을 좋아하세요. 그래서 가족들의 사진을 많이 찍어 주세요.

④ 화제: 친구

순서		모범 답안
질문에 대한 답	화제	제일 친한 친구는 치하루예요.
	설명 1	우리는 중학교 때 댄스 동아리에서 만났어요.
추가하면 좋은 내용	설명 2	• 저와 치하루 모두 K-pop(케이팝)을 좋아해서 빨리 친해졌어요. • 그 친구를 만나면 같이 K-pop을 듣고 춤을 춰요. 그리고 맛있는 음식을 먹으러 가요. 우리는 성격이 비슷하고 이야기가 잘 통해서 같이 있으면 즐거워요.

⑤ 화제: 여행

순서		모범 답안
질문에 대한 답	화제	저는 친구와 함께 이탈리아로 여행을 간 적이 있어요.
	설명 1	책에서 본 그림과 건축물을 직접 보니까 신기했어요. 유명한 관광지를 구경하고 맛있는 음식도 많이 먹었어요.
추가하면 좋은 내용	설명 2	• 어릴 때부터 미술에 관심이 많아서 이탈리아에 꼭 가 보고 싶었어요. • 그래서 이탈리아 여행이 정말 즐거웠어요. 지금도 사진을 보면 여행을 또 가고 싶어요.

정답 및 해설

⑥ 화제: 자주 가는 식당

순서		모범 답안
질문에 대한 답	화제	제가 자주 가는 식당은 맛나 식당이에요.
	설명 1	맛나 식당은 우리 집 근처에 있는 작은 식당이에요.
추가하면 좋은 내용	설명 2	• 저는 한국 음식을 좋아하는데 그 식당에 한식 메뉴가 많아서 자주 가요. • 저는 불고기를 가장 자주 먹는데 정말 맛있어요. 맛나 식당은 음식이 맛있고 비싸지 않아요. 그래서 앞으로도 자주 갈 것 같아요.

⑦ 화제: 좋아하는 계절

순서		모범 답안
질문에 대한 답	화제	저는 여름을 좋아해요.
	설명 1	매년 여름에 가족들과 같이 바다에 가요. 저는 수영을 좋아하는데 여름에는 바다에서 수영을 할 수 있어서 좋아요.
추가하면 좋은 내용	설명 2	• 여름에는 날씨가 덥고 비가 많이 와요. • 방학과 휴가가 있어서 사람들이 여행을 많이 가요. 저도 이번 여름에 친구들과 여행을 갈 거예요.

⑧ 화제: 꿈

순서		모범 답안
질문에 대한 답	화제	제 꿈은 번역가예요.
	설명 1	어렸을 때부터 번역가가 되는 것이 꿈이었어요.
추가하면 좋은 내용	설명 2	• 한국 소설을 프랑스어로 번역하고 싶어요. 재미있는 한국 소설을 프랑스 사람들이 많이 읽었으면 좋겠어요. • 그래서 저는 한국 소설을 많이 읽고 매일 번역 연습을 하고 있어요.

9 화제: 주말

순서		모범 답안
질문에 대한 답	화제	저는 보통 주말에 친구들을 만나러 가요. 친구들을 만나서 영화를 보고 저녁을 먹어요.
추가하면 좋은 내용	설명 1	• 일요일 오전에는 꼭 집안일을 해요. 청소와 빨래를 하면 기분이 정말 좋아요. • 그리고 집 근처에 있는 쇼핑몰에 가서 쇼핑도 자주 해요.
질문에 대한 답	설명 2	주말에 가끔 산책도 하는데 이번 주말에도 날씨가 좋으면 산책할 거예요.

10 화제: 한국어 공부

순서		모범 답안
질문에 대한 답	화제	저는 한국 친구와 이야기하고 싶어서 한국어를 배워요. 친구와 한국어로 자유롭게 이야기하고 싶어요.
추가하면 좋은 내용	설명 1	• 저는 2년(이 년) 전부터 한국어를 공부했어요. 대학교에서 한국 친구를 만나서 한국어에 관심이 생겼어요. • 한국어를 더 공부해서 나중에 한국 회사에 취직하고 싶어요.
질문에 대한 답	설명 2	한국어는 우리나라 말과 많이 달라요. 그래서 조금 어렵지만 재미있어서 계속 공부할 거예요.

유형 2 그림 보고 역할 수행하기

1. 기본 문제

• 화제: 식당 예약 변경

순서	모범 답안
상황	예약을 좀 변경하고 싶어서 전화했는데요. 예약자 이름은 박서준이에요. 이번 주 금요일 저녁 7시(일곱 시)에 6명(여섯 명)으로 예약했어요.
요청과 이유	저희가 좀 늦을 것 같은데 7시 반으로 시간을 바꿀 수 있을까요? 그리고 인원도 10명(열 명)으로 좀 변경해 주세요.

2. 연습 문제

1 화제: 분실물 찾기

순서	모범 답안
상황과 이유	지갑을 찾고 있는데요. 조금 전에 강남역에서 내리고 보니 지갑이 없어요. 지하철 의자에 떨어뜨린 것 같아요. 빨간색 가죽 지갑이에요. 지갑 안에 운전면허증하고 신용카드도 들어 있어서 꼭 찾아야 해요.
요청	제 지갑이 여기에 있는지 한번 확인해 주시겠어요?

2 화제: 집 구하기

순서	모범 답안
상황과 이유	다음 달에 이사할 수 있는 원룸을 찾고 있는데요. 방이 크고 지하철역이랑 가까운 집이 있을까요? 월세는 60만 원(육십만 원) 정도면 좋을 것 같아요. 그리고 제가 가전제품이 없어서 집 안에 냉장고, 세탁기, 에어컨이 있었으면 좋겠어요.
요청	이런 집이 있으면 좀 보여 주세요.

3 화제: 길 안내

순서	모범 답안
소개	아니요. 오른쪽으로 가세요.
자세한 설명	오른쪽으로 쭉 가면 횡단보도가 나와요. 횡단보도를 건너서 오른쪽으로 조금 더 간 후에 왼쪽을 보면 3층(삼 층)짜리 건물이 있어요. 그 건물 2층(이 층)으로 올라가세요. 한국 병원은 그 건물 2층이에요.

4 화제: 음식 주문

순서	모범 답안
상황	떡볶이 2인분(이 인분)하고 김밥 1줄(한 줄)을 주문하고 싶은데요.
요청과 이유	저희가 매운 음식을 잘 못 먹는데 떡볶이는 덜 맵게 해 주시겠어요? 그리고 김밥에 계란도 좀 빼 주세요. 저는 계란을 못 먹거든요.

5 화제: 쇼핑

순서	모범 답안
상황과 이유	제가 신을 등산화를 사려고 하는데요. 등산화가 좀 가볍고 발이 편했으면 좋겠어요. 그리고 바닥이 미끄럽지 않아야 해요. 색깔은 밝은 색이 좋아요.
요청	이런 등산화를 좀 보여 주시겠어요? 사이즈는 240(이백사십)이에요.

6 화제: 카페 추천

순서	모범 답안
소개	한국 전통차를 마시러 가는 건 어때?
자세한 설명	학교 근처에 있는 봄봄 찻집에 가면 한국 전통차를 마실 수 있어. 대추차가 가장 유명한데 아주 맛있어.
추천	분위기가 좋고 유명한 맛집이니까 거기에 한번 가 봐.

7 화제: 보일러 수리 요청

순서	모범 답안
상황과 이유	저희 집 보일러가 고장이 난 것 같아요. 오늘 아침부터 보일러가 이상해요. 온도를 아무리 올려도 방이 따뜻해지지 않아요. 그리고 따뜻한 물도 안 나와요.
요청	오늘 오후에 수리 기사를 보내 주세요.

8 화제: 호텔 예약

순서	모범 답안
상황	방을 좀 예약하고 싶은데요. 이번 주 금요일 하루만 묵을 거예요. 인원은 2명(두 명)이에요.
요청과 이유	바다가 보이는 방이 좋은데 그런 방을 예약할 수 있을까요? 그리고 아침 식사도 포함해서 예약해 주세요.

9 화제: 미술관 가는 방법

순서	모범 답안
소개	지하철 3호선(삼 호선)을 타고 경복궁역까지 가세요. 거기에서 버스로 갈아타야 해요.
자세한 설명	경복궁역 3번(삼 번) 출구로 나가면 건너편에 버스 정류장이 있어요. 거기에서 11번(십일 번) 버스를 타고 가다 한국 미술관 앞에서 내리면 돼요.

10 화제: 서울 시티 투어 버스 추천

순서	모범 답안
소개	서울 시티 투어 버스를 타 보는 건 어때?
자세한 설명	광화문에서 출발해서 명동, 서울 타워, 경복궁까지 서울 여기저기에 갈 수 있어. 아침 9시(아홉 시)부터 오후 4시(네 시)까지 계속 이용할 수 있고 요금은 2만원(이 만원)이야. 외국어 안내가 있으니까 가족들도 좋아할 거야.
추천	한번 이용해 봐.

유형 3 그림 보고 이야기하기

1. 기본 문제

• 화제: 야구 경기 관람

순서		모범 답안
그림 (1)	사건 시작	며칠 전에 친구가 마크 씨에게 야구 경기 표 2장(두 장)을 주었어요. 마크 씨는 친구에게 표를 선물 받고 정말 신났어요.
그림 (2)	사건 진행	야구 경기 날 아침에 비가 많이 왔어요. 마크 씨는 야구 경기가 취소될까 봐 걱정이 돼서 수업 시간에도 계속 창문 밖을 바라봤어요.
그림 (3)		하지만 수업이 끝난 후에 다행히 비가 그치고 날씨가 다시 좋아졌어요. 마크 씨와 친구는 기뻐하면서 야구장에 갔어요.
그림 (4)	사건 결과	두 사람이 응원한 팀이 이겨서 마크와 친구는 너무 기뻤어요. 사람들도 기뻐서 소리를 질렀고 눈물을 흘리는 사람도 있었어요.

2. 연습 문제

❶ 화제: 우산

순서		모범 답안
그림 (1)	사건 시작	수미 씨는 수업이 끝난 후에 집에 가지 않고 도서관에 갔어요. 도서관에서 밤늦도록 열심히 공부를 했어요.
그림 (2)	사건 진행	집에 돌아가려고 도서관에서 나와 보니까 비가 내리고 있었어요. 수미 씨는 우산을 꺼내려고 가방을 열었어요.
그림 (3)		그런데 가방 안에 우산이 없어서 당황했어요. 아침에 급하게 나오느라고 우산을 챙기지 않은 것이 생각났어요.
그림 (4)	사건 결과	우산이 없어서 곤란해 하고 있는데 옆에 서 있던 사람이 말을 걸었어요. 그 사람이 수미 씨한테 우산을 같이 쓰자고 해서 수미 씨는 정말 고마웠어요.

정답 및 해설

② 화제: 야근과 정전

순서		모범 답안
그림 (1)	사건 시작	민호 씨는 일이 많아서 퇴근 시간이 지났는데도 회사에 남아서 야근을 했어요. 10시(열 시)가 되었을 때 드디어 일이 다 끝났어요.
그림 (2)	사건 진행	그런데 그때 갑자기 정전이 되는 바람에 컴퓨터가 꺼졌어요. 민호 씨는 깜짝 놀랐고 지금까지 작성한 파일이 없어졌을까 봐 불안했어요.
그림 (3)		잠시 후에 사무실 불이 켜지자마자 민호 씨는 컴퓨터를 다시 켰어요. 아무리 찾아도 파일이 보이지 않아서 민호 씨는 당황했어요.
그림 (4)	사건 결과	파일을 계속 찾은 끝에 민호 씨는 결국 파일을 찾았어요. 처음부터 다시 일할 뻔했는데 파일을 찾아서 정말 다행이었어요.

③ 화제: 쇼핑

순서		모범 답안
그림 (1)	사건 시작	지난 주말에 유미 씨는 친구와 쇼핑을 하러 갔어요. 옷 가게에서 옷을 구경하고 마음에 드는 옷을 골랐어요.
그림 (2)	사건 진행	유미 씨는 치마를 입어 봤는데, 가격을 확인하고는 깜짝 놀랐어요. 치마가 예쁘기는 하지만 생각보다 가격이 비쌌어요.
그림 (3)		그런데 집에 돌아오고 나서도 유미 씨는 그날 입어 본 치마가 자꾸 생각났어요. 그래서 치마를 살 걸 그랬다고 후회했어요.
그림 (4)	사건 결과	며칠 후 유미 씨가 옷 가게에 다시 갔더니 세일을 하고 있었어요. 유미 씨는 사고 싶었던 치마를 싸게 사서 기분이 좋았어요.

④ 화제: 영화 관람

순서		모범 답안
그림 (1)	사건 시작	민아 씨는 친구와 같이 영화를 보려고 영화표를 예매했어요. 두 사람은 토요일 2시(두 시)에 영화관 앞에서 만나기로 했어요.
그림 (2)	사건 진행	토요일에 민아 씨는 영화관 앞에서 친구를 기다렸어요. 그런데 상영 시간이 다 되도록 친구가 오지 않아서 민아 씨는 점점 불안해졌어요.
그림 (3)		민아 씨가 친구에게 전화했더니 친구도 지금 영화관 앞에 있다고 했어요. 알고 보니 다른 영화관에서 기다리고 있었어요.
그림 (4)	사건 결과	친구가 택시를 타고 영화관에 왔지만 이미 너무 늦어서 영화를 볼 수 없었어요. 민아 씨는 영화를 못 봐서 아쉬웠고 친구는 아주 미안해했어요.

5 화제: 지갑 분실

순서		모범 답안
그림 (1)	사건 시작	진수 씨는 음료수를 사려고 편의점에 들어왔어요. 음료수를 골라서 계산을 하러 계산대로 갔어요.
그림 (2)	사건 진행	그런데 가방을 다 찾아봤지만 지갑이 없었어요. 진수 씨는 지갑이 없어진 것을 알고 당황했어요.
그림 (3)		진수 씨는 편의점 밖으로 나오자마자 식당에 전화를 했어요. 저녁을 먹은 식당에 지갑을 두고 온 것 같았어요.
그림 (4)	사건 결과	식당 주인이 전화를 받더니 진수 씨의 지갑이 식당에 있다고 했어요. 진수 씨는 잃어버렸던 지갑을 찾아서 정말 기뻤어요.

6 화제: 지각

순서		모범 답안
그림 (1)	사건 시작	지훈 씨는 오늘 아침에 늦잠을 자고 말았어요. 일어나서 시간을 확인하고 깜짝 놀랐어요.
그림 (2)	사건 진행	지훈 씨는 서둘러서 출근 준비를 하고 밖으로 나왔어요. 지하철을 탈까 택시를 탈까 고민하다가 택시를 탔어요.
그림 (3)		하지만 길이 막혀서 택시가 빨리 가지 못했어요. 더 빨리 가려고 택시를 탔는데 늦을 것 같아서 초조했어요.
그림 (4)	사건 결과	결국 지훈 씨는 회사에 지각을 해서 부장님께 야단을 맞았어요. 정말 힘들고 기분이 안 좋은 아침이었어요.

7 화제: 싸움

순서		모범 답안
그림 (1)	사건 시작	눈이 와서 학교 운동장에 눈이 쌓였어요. 정우는 친구들과 함께 운동장에서 즐겁게 눈사람을 만들었어요.
그림 (2)	사건 진행	그런데 친구가 정우에게 눈을 던지면서 장난을 쳤어요. 정우가 친구에게 하지 말라고 했지만 친구는 계속 눈을 던졌어요.
그림 (3)		정우는 화가 나서 그 친구를 때렸어요. 정우와 친구가 싸우는 것을 보고 친구들이 놀라서 달려왔고 선생님도 오셨어요.
그림 (4)	사건 결과	선생님은 두 사람을 화해하게 하셨어요. 친구가 정우에게 미안하다고 사과했고 정우도 친구에게 사과했어요.

8 화제: 강아지 분실

순서		모범 답안
그림 (1)	사건 시작	유진 씨는 일요일 아침에 집에서 청소를 했어요. 창문과 문을 활짝 열어 놓고 청소기를 돌리고 있었어요.
그림 (2)	사건 진행	그런데 유진 씨가 청소하는 사이에 강아지가 열린 문으로 나갔어요. 유진 씨는 청소를 하느라 강아지가 밖으로 나간 줄 몰랐어요.
그림 (3)		청소가 끝난 후 유진 씨는 강아지가 없어진 것을 알고 깜짝 놀랐어요. 집 근처를 찾아봤지만 아무리 찾아도 강아지가 보이지 않았어요.
그림 (4)	사건 결과	강아지를 못 찾을까 봐 걱정하고 있는데 경비 아저씨가 강아지를 데리고 왔어요. 유진 씨는 기뻐서 눈물을 흘리면서 아저씨께 감사하다고 했어요.

8 화제: 강아지 분실

유형 4 대화 완성하기

1. 기본 문제

• 화제: 어버이날 선물

순서	모범 답안
상대방 의견 인정	물론 선물을 사서 드리는 것도 좋죠.
반대 의견과 이유	하지만 선물을 고르는 것도 쉬운 일은 아니잖아요. 작년 어버이날에 부모님께 옷을 사 드렸는데 마음에 안 드셨는지 잘 안 입으시더라고요. 만약 현금을 드렸더라면 마음에 드는 것을 직접 사셨을 테니까 부모님이 좋아하셨을 것 같아요.
정리	그래서 저는 부모님과 함께 가서 선물을 고를 수 없다면 선물 대신 현금을 드리는 것도 좋은 방법이라고 생각해요.

2. 연습 문제

1 화제: 온라인 쇼핑

순서	모범 답안
상대방 의견 인정	물론 온라인 쇼핑을 이용하면 더 싸게 살 수 있지.
반대 의견과 이유	하지만 물건을 받고 마음에 안 들어서 교환이나 반품을 하면 돈을 더 쓰게 될 수도 있어. 쇼핑몰 사진하고 배송된 물건이 다를 때도 많잖아. 그리고 매장까지 가지 않아서 편하긴 하지만 온라인 쇼핑은 상품이 너무 많으니까 고르다 보면 시간이 많이 걸리던데. 물건을 사고 배송될 때까지 기다리는 시간도 있고.
정리	색깔이나 디자인이 중요한 상품은 온라인 쇼핑보다 매장에 가서 사는 게 더 좋은 것 같아.

2 화제: 한국어 공부

순서	모범 답안
공감	저도 외국어 공부를 할 때 실력이 안 느는 것 같아서 답답할 때가 있었는데요.
조언과 이유	한국 사람과 이야기할 기회를 많이 만드는 게 좋을 것 같아요. 복습과 숙제도 중요하지만 배운 것을 실제로 써 봐야 실력이 빨리 늘거든요. 한국 친구를 만나서 말하기 연습을 자주 하면 실력이 훨씬 좋아질 거예요. 그리고 원래 실력이 늘려면 시간이 좀 걸리니까 마음을 편하게 가지고 공부해 보세요.

정답 및 해설

3 화제: 동호회

순서	모범 답안
공감	맞아요. 같이 운동하는 사람들이 있어서 꾸준히 할 수 있는 것 같아요.
제안과 이유	그래서 말인데 우리 동호회에 가입해서 같이 운동하는 건 어때요? 혼자 운동하는 것보다 훨씬 좋을 거예요. 운동하기 싫을 때도 모임이 있으니까 나가서 자전거를 타게 되더라고요. 그리고 자전거를 탄 후에 동호회 사람들과 식사하면서 이야기하는 것도 재미있어요.

4 화제: 아르바이트 부탁

순서	모범 답안
상황 확인	그렇구나. 일요일에 아르바이트를 해 줄 사람이 필요하구나.
거절과 이유	내가 시간이 되면 너 대신 아르바이트를 해 주고 싶은데 나도 일요일에 약속이 있어서 하기가 어려워. 친구들하고 오랜만에 만나는 약속인데 오래 전에 약속한 거라서 취소할 수가 없어.
사과	도와주지 못해서 미안해. 일요일에 시간이 있는 사람이 있으면 너한테 말해 줄게. 도와줄 사람을 빨리 찾았으면 좋겠다.

5 화제: 은행 지점 수 감소

순서	모범 답안
상대방 의견 인정	물론 인터넷으로 은행 업무를 보는 사람이 많아진 건 사실이죠.
반대 의견과 이유	하지만 인터넷을 잘 다루지 못하거나 인터넷을 이용할 수 없는 사람도 있어요. 그런 사람들은 은행에 직접 방문해야 하는데 가까운 지점에서 업무를 볼 수 없어서 불편할 거예요. 특히 실적이 낮은 곳부터 지점이 없어지기 때문에 노인 분들이 많은 시골에서는 버스를 타고 먼 곳에 있는 은행까지 가야 한대요.
정리	그래서 저는 은행 이용자들이 불편하지 않을 정도로 지점 수를 유지할 필요가 있다고 생각해요.

6 화제: 일과 적성

순서	모범 답안
공감	신입 사원 때는 일도 어렵고 실수도 많이 하니까 그런 생각이 들 수 있겠네요.
조언과 이유	그래도 1년(일 년) 정도는 일해 봐야 그 일이 적성에 맞는지 알 수 있지 않을까요? 누구나 처음에는 실수하기 마련이잖아요. 계속 일하다 보면 점점 익숙해져서 일도 잘하게 되고 더 재미있을 거예요. 그리고 같은 실수를 반복하지 않도록 주의하고 잘 모를 때는 상사나 선배에게 물어보세요. 점점 나아지고 있다고 느끼면 자신감도 생길 거예요.

7 화제: 등산

순서	모범 답안
상황 확인	아, 과장님하고 등산 가시려고요?
거절과 이유	저도 같이 가면 좋겠지만 요즘 몸이 안 좋아서 등산을 하기가 힘들 것 같아요. 지난 주말에 캠핑을 갔다 왔는데 그 후에 제대로 못 쉬었더니 계속 피곤하고 몸이 안 좋네요. 그래서 이번 주말에는 집에서 좀 쉬어야 할 것 같아요.
사과	같이 가자고 해 주셨는데 못 가서 죄송해요. 다음에는 꼭 같이 등산해요.

8 화제: 아르바이트 제안

순서	모범 답안
공감	맞아. 혼자 일하는 아르바이트는 좀 심심하지.
제안과 이유	그러면 우리 카페에서 아르바이트해 보는 건 어때? 요즘 손님이 많아져서 사장님이 아르바이트생이 더 필요하다고 하셨거든. 일할 사람이 있다고 하면 좋아하실걸. 일도 힘들지 않고 같이 일하는 사람들이 있어서 재미있게 일할 수 있는 곳이야. 아르바이트생이 모두 대학생이라서 아마 빨리 친해질 수 있을 거야.

유형 5 자료 해석하기

1. 기본 문제

• 화제: 결제 수단 변화

순서		모범 답안
자료 1	현황	결제 수단의 이용 비중을 조사한 결과, 현금은 2015년(이천십오 년) 36%(삼십육 퍼센트)에서 2020년(이천이십 년) 22%(이십이 퍼센트)로 감소한 반면 신용 카드는 29%(이십구 퍼센트)에서 49%(사십구 퍼센트)로 증가해서 현금 이용 비중을 넘어섰습니다.
자료 2	이유나 원인 / 영향	이렇게 현금보다 신용 카드를 많이 이용하게 된 원인은 첫째, 신용 카드 결제가 보편화되었기 때문입니다. 특히 과거에는 신용 카드로 소액 결제를 할 수 있는 곳이 많지 않았지만, 요즘은 소액 결제도 신용 카드로 할 수 있는 곳이 늘었습니다. 둘째, 현금보다 신용 카드로 결제하는 것이 간편하기 때문입니다. 신용 카드를 사용하면 현금을 미리 준비하지 않아도 되고 잔돈을 받는 번거로움을 피할 수 있습니다.
의견	전망	따라서 앞으로도 현금 사용은 지속적으로 감소할 것으로 보입니다. 또한 신용 카드 외에도 현금을 대체할 수 있는 결제 수단이 늘고 있기 때문에 결제 수단의 종류는 더욱 다양해질 것이라 생각합니다.

2. 연습 문제

1 화제: 남성 육아 휴직자 증가

순서		모범 답안
자료 1	현황	조사 결과에 따르면 남성 육아 휴직자는 2018년(이천십팔 년) 1만 7천 명(만 칠천 명)에서 매년 증가해 2021년(이천이십일 년)에는 2만 9천 명(이만 구천 명)에 달했습니다.
자료 2	이유나 원인	이렇게 남성 육아 휴직자가 증가한 이유는 첫째, 육아에 대한 인식이 변화했기 때문입니다. 과거에는 육아를 여성의 일로만 생각하는 경향이 있었으나 최근 들어 부부가 함께 육아를 해야 한다는 인식이 확산되었습니다. 둘째, 육아 휴직 제도가 개선되었기 때문입니다. 육아 휴직 기간이 늘어나고 그 기간 동안 받는 급여도 인상되면서 육아 휴직을 신청하는 남성들이 예전보다 많아졌다고 합니다.
의견	전망	앞으로도 남성 육아 휴직자는 증가할 것으로 예상됩니다. 특히 맞벌이 부부의 비율이 높아졌고 육아 휴직 제도가 점차 개선되고 있기 때문에 제도를 이용하는 부부는 더욱 늘어날 것으로 보입니다.

❷ 화제: 공공 도서관 이용 감소

순서		모범 답안
자료 1	현황	공공 도서관의 이용 현황을 조사한 결과, 평균 이용자 수는 2016년(이천십육 년) 31만 명(삼십일만 명)에서 2020년(이천이십 년) 24만 명(이십사만 명)으로 감소했습니다. 또 평균 대출 도서 수도 2016년(이천십육 년) 14만 권(십사만 권)에서 2020년(이천이십 년) 11만 권(십일만 권)으로 줄었습니다.
자료 2	이유나 원인	이와 같이 공공 도서관 이용이 감소한 원인으로는 먼저 이용자들의 변화를 들 수 있습니다. 즉, 전자책과 같은 디지털 매체의 사용이 증가하면서 도서관에 직접 책을 빌리러 오는 사람의 수가 줄어든 것입니다. 다음으로 도서관에서 이용할 수 있는 다양한 프로그램이 부족한 것도 도서관 이용 감소에 영향을 미친 것으로 보입니다.
의견	해결 방법	따라서 공공 도서관의 이용을 활성화하기 위해서는 먼저 이용자의 변화에 맞춰 디지털 서비스를 강화할 필요가 있습니다. 그리고 이용자들의 참여를 유도할 수 있는 여러 가지 프로그램을 개설한다면 더 많은 사람이 공공 도서관을 이용할 것입니다.

❸ 화제: 초·중·고 학생 수 감소

순서		모범 답안
자료 1	현황	조사 결과에 따르면 전국 초·중·고 학생 수가 2000년(이천 년)에는 795만 2천 명(칠백구십오만 이천 명)이었으나 2011년에는(이천십일 년)에는 698만 7천 명(육백구십팔만 칠천 명), 2021년(이천이십일 년)에는 532만 3천 명(오백삼십이만 삼천 명)으로 약 20년(이십 년) 사이에 30%(삼십 퍼센트) 이상 감소했습니다.
자료 2	이유나 원인	이렇게 학생 수가 감소한 이유는 출산율이 낮아졌기 때문입니다. 출산율 현황을 살펴보면 여성 1명(한 명)이 평생 낳을 것으로 예상되는 아이 수는 0.8명(영 점 팔 명)에 불과한 것으로 나타났습니다.
의견	전망	심각한 저출산 현상으로 인해 앞으로도 초·중·고 학생 수는 계속 감소할 것으로 예상됩니다. 이로 인해 다른 학교와 통합되거나 폐교되는 곳이 늘어나 교사의 수는 크게 줄어들 것으로 보이며, 입학생이 부족해서 문을 닫는 대학교도 생길 것으로 예측됩니다.

❹ 화제: 다문화 가정 자녀 양육의 어려움

순서		모범 답안
자료 1	현황	조사 결과에 따르면 2013년(이천십삼 년)에 5만 명(오만 명)이었던 다문화 학생 수가 2021년(이천이십일 년)에는 16만 명(십육만 명)으로 3배(세 배) 이상 증가했습니다. 이렇게 다문화 학생이 늘고 있는 가운데 다문화 가정의 88%(팔십팔 퍼센트)는 자녀 양육에 어려움을 겪는 것으로 조사되었습니다.
자료 2	문제점	다문화 가정에서 자녀를 양육할 때 겪는 어려움이 무엇이냐는 질문에 1위(일 위)로 나온 답은 자녀들의 학습 지도가 어렵다는 것이었습니다. 다문화 가정의 학부모들이 언어 문제로 자녀를 지도하는 데 어려움을 겪는 것으로 보입니다. 다음으로 많이 나온 답은 진학이나 진로에 관한 정보가 부족해서 어려움을 겪는다는 것이었습니다.
의견	해결 방법	이러한 어려움을 해결하기 위해서는 다문화 가정의 학부모에게 한국어 교육을 지원해 주고, 자녀들의 학습 관리를 도와주는 제도가 필요합니다. 그리고 국내 학교에 대한 정보를 제공하는 서비스도 마련하여 다문화 가정의 학부모들이 서비스를 쉽게 이용할 수 있도록 해야 합니다.

❺ 화제: 쌀 소비량 감소

순서		모범 답안
자료 1	현황	1인당(일 인당) 쌀 소비량을 조사한 결과, 2022년(이천이십이 년) 기준 1년간(일 년간)의 쌀 소비량이 56kg(오십육 킬로그램)으로 역대 최저치를 기록했습니다. 특히 하루 소비량은 158g(백오십팔 그램)으로 하루에 먹는 밥의 양이 한 공기 반에 불과한 것으로 나타났습니다.
자료 2	이유나 원인	이렇게 쌀 소비량이 감소한 원인은 식습관의 변화에 있습니다. 사람들이 밥 대신 먹는 것을 조사해 본 결과, 밥 대신 면류를 먹는다는 답이 43%(사십삼 퍼센트)로 가장 많았기 때문입니다. 이 외에 빵을 먹는다는 답과 고구마, 감자를 먹는다는 답이 각각 32%(삼십이 퍼센트), 12%(십이 퍼센트)로 그 뒤를 이었고 고기를 먹는다는 답도 10%(십 퍼센트)를 차지했습니다.
의견	전망	이렇게 밥을 대체할 수 있는 다양한 음식이 있고 사람들의 식습관이 서구화되었기 때문에 앞으로도 쌀 소비량은 계속해서 감소할 것으로 보입니다.

6 화제: 스마트폰과 텔레비전에 대한 인식 변화

순서		모범 답안
자료 1	현황	방송 매체 이용 실태를 조사한 결과, 텔레비전을 필수적인 매체로 생각하는 사람은 27%(이십칠 퍼센트)에 불과한 반면, 스마트폰을 필수적인 매체로 생각하는 사람은 70%(칠십 퍼센트)에 달했습니다. 또한 30대(삼십 대) 이하에서는 텔레비전 시청 시간보다 스마트폰 시청 시간이 더 길었습니다.
자료 2	이유나 원인	이렇게 텔레비전보다 스마트폰을 선호하는 이유는 첫째, 모바일 환경에 적응되었기 때문입니다. 이제 사람들은 스마트폰 사용에 익숙해져서 작은 화면으로 영상을 시청해도 불편함을 느끼지 않게 되었습니다. 둘째, 미디어 이용이 개인화되었기 때문입니다. 즉, 과거에는 가족들과 함께 모여서 텔레비전을 시청했지만 요즘은 각자의 스마트폰으로 혼자 보는 것을 더 편하게 생각합니다.
의견	전망	이처럼 스마트폰 사용이 일반화되고 원하는 시간에 원하는 영상을 혼자 보려는 경향이 강해지고 있기 때문에 스마트폰은 텔레비전을 점차 대체할 것으로 보입니다.

7 화제: 지방 인구 감소

순서		모범 답안
자료 1	현황	한국의 지방 인구를 조사한 결과, 소멸 위험 지역은 113개(백십삼 개)로 전국 228개(이백이십팔 개) 시·군·구의 절반 수준에 달하는 것으로 나타났습니다.
자료 2	이유나 원인	이렇게 지방 인구가 감소한 원인은 청년 인구가 수도권으로 이동하고 있기 때문입니다. 즉, 일자리가 수도권에 집중되어 있고 지역 간 발전 격차도 날이 갈수록 커지고 있기 때문에 청년들이 지방을 떠나 수도권으로 몰리고 있는 것입니다.
의견	해결 방법	이처럼 심각한 지방 인구 감소 현상을 해결하기 위해서는 지방의 발전과 일자리 창출을 지원하는 정책이 필요합니다. 예를 들어 수도권에 위치한 기업이 지방으로 이전할 경우 세금 감면 혜택 등을 제공해서 적극적으로 기업 이전을 장려해야 할 것입니다.

8 화제: 1인 가구 시장의 성장

순서		모범 답안
자료 1	현황	1인(일 인) 가구 조사 결과에 따르면 1990년(천구백구십 년)에는 1인 가구가 전체 가구의 9%(구 퍼센트)를 차지했으나 그 수치는 매년 증가해서 2020년(이천이십 년)이 되자 전체 가구의 32%(삼십이 퍼센트)에 달했습니다.
자료 2	영향	이렇게 1인 가구가 지속적으로 증가하면서 1인 가구를 위한 소형 주택의 수도 늘어났고, 저용량·소포장 식품의 판매도 증가했습니다. 나아가 1인 가구 시장의 규모를 살펴보면 2010년(이천십 년) 60조 원(육십조 원), 2015년(이천십오 년) 86조 원(팔십육조 원), 2020년에는 120조 원(백이십조 원)으로 크게 성장한 것을 알 수 있습니다.
의견	전망	이렇듯 1인 가구는 계속해서 늘고 있기 때문에 1인 가구 소비자를 겨냥한 제품과 서비스의 판매는 더욱 확대되어 1인 가구 시장의 규모 역시 더 커질 것으로 전망됩니다.

유형 6 의견 제시하기

1. 기본 문제

• 화제: 현대 사회의 인재상

순서	모범 답안
특징	현대 사회는 과거에 비해 변화의 속도가 매우 빠릅니다. 그리고 각 분야의 경계가 사라지고 여러 분야가 융합하여 발전한다는 특징이 있습니다.
조건	이러한 특징으로 인해 현대 사회에서는 변화를 쉽게 받아들이고 변화에 대응해서 문제를 해결하는 능력이 무엇보다 중요해졌습니다. 그리고 한 분야에 대한 전문성 못지않게 다른 분야에 대한 상식과 경험을 갖춘 융합형 인재를 선호하게 되었습니다.
필요한 노력	현대 사회에서 요구하는 이러한 인재가 되기 위해서는 필요한 정보를 빠르게 수집하고 분석해서 문제를 해결하는 능력을 길러야 합니다. 그리고 평소 다양한 분야에 관심을 가지고 지식을 습득하려 노력해야 합니다.

2. 연습 문제

1 화제: 돈과 행복

순서	모범 답안
일반적인 생각	흔히 돈이 많으면 행복할 것이라고 생각합니다. 때로는 돈으로 행복을 살 수 있다고 말하는 사람들도 있습니다.
나의 생각과 이유	그러나 저는 돈과 행복이 비례하는 것은 아니라고 생각합니다. 물론 의식주를 해결하지 못하는 상황에서는 행복을 느낄 수 없습니다. 그러나 기본적인 생활이 가능한 상태에서는 경제적 조건이 행복을 보장해 주거나 행복의 크기를 결정하지 않는다고 생각합니다. 큰 부를 이룬 사람들 중에서도 보통 사람들보다 불행한 삶을 사는 사람들이 있기 때문입니다.
필요한 노력	따라서 행복한 삶을 살기 위해서는 우선 내가 무엇을 할 때 행복한지 파악해야 합니다. 그리고 그것을 지속할 수 있는 힘을 길러야 합니다. 경제적 조건은 그러한 힘 중 하나 정도로 여기는 것이 좋다고 생각합니다.

② 화제: 인공 지능 로봇

순서		모범 답안
두 가지 입장 소개	긍정적인 면	인공 지능 로봇은 산업 현장에서 생산성을 향상시켜 줍니다. 이들이 빠른 속도로 일을 처리해 주기 때문에 작업 시간을 단축하고 생산 비용도 절감할 수 있습니다. 또한 사람이 하기 어렵거나 위험하고 힘든 일을 로봇이 대신할 수도 있습니다.
	부정적인 면	그러나 인공 지능 로봇을 도입하면서 인간의 일자리가 줄고 실업률이 높아진다는 문제도 생겼습니다. 인건비를 줄이기 위해 많은 곳에서 로봇을 도입하고 있기 때문입니다. 이러한 현상은 앞으로도 점점 늘어날 것입니다.
올바른 태도		인공 지능 로봇의 사용이 확대되는 것은 피할 수 없는 변화입니다. 따라서 인간과 로봇이 공존할 수 있도록 로봇 사용의 긍정적인 면은 살리되 인간만 할 수 있는 영역을 찾고 능력을 개발해야 할 것입니다.

③ 화제: 인터넷의 발달

순서		모범 답안
두 가지 입장 소개	긍정적인 면	인터넷의 발달로 인해 우리의 생활은 편리해졌습니다. 우선 인터넷을 이용하면 방대한 양의 지식과 정보를 쉽게 찾고 공유할 수 있습니다. 그리고 언제 어디서나 사람들과 연결될 수 있기 때문에 시간과 공간의 제약 없이 의사소통을 하는 것이 가능해졌습니다.
	부정적인 면	그러나 인터넷이 발달하면서 나타나는 문제점도 있습니다. 자신이 누구인지 드러나지 않는 익명성을 악용해서 남을 비방하거나 허위 사실을 유포하는 사람들이 나타났습니다. 그리고 개인 정보 유출로 인한 범죄도 끊임없이 발생하고 있습니다.
올바른 태도		이처럼 인터넷의 발달이 항상 긍정적인 영향만 주는 것은 아닙니다. 따라서 인터넷 이용자들은 관련 문제나 피해가 발생하지 않도록 주의를 기울여야 합니다.

④ 화제: 일하고 싶은 직장의 조건

순서	모범 답안
중요한 조건	직장을 구할 때는 여러 가지 조건을 고려하게 됩니다. 그중 제가 중요하게 생각하는 첫 번째 조건은 근무 시간입니다. 연봉이 적더라도 야근을 하지 않고 퇴근 후에 충분히 쉴 수 있는 곳에서 일하고 싶습니다. 일과 개인의 생활이 균형을 이루어야 지치지 않고 오랫동안 일할 수 있기 때문입니다. 두 번째 조건은 발전 가능성입니다. 저는 개인과 직장이 함께 발전할 수 있는 곳을 선호합니다. 다양한 시도를 통해 규모를 확장해 가는 곳에서 일한다면 더 많은 것을 배우고 업무 역량을 향상시킬 수 있을 것이라고 생각합니다.
준비	이렇게 자신에게 맞는 직장을 선택하기 위해서는 우선 지원하려는 곳에 대해 잘 알아보아야 합니다. 그 후 그곳에서 원하는 업무 수행에 필요한 자격과 능력을 갖추는 것이 좋습니다.

정답 및 해설

5 화제: 노키즈존

찬성하는 입장

순서	모범 답안
두 가지 입장 소개	노키즈존에 대한 사람들의 의견은 노키즈존이 필요하다는 것과 필요하지 않다는 것으로 나뉩니다.
나의 입장과 이유	이 중 저는 노키즈존이 필요하다는 입장입니다. 노키즈존이 필요한 첫 번째 이유는 다른 손님들이 소란을 피우는 아이들로 인하여 겪는 불편을 막을 수 있기 때문입니다. 노키즈존을 운영하는 식당이나 카페에는 아이들이 들어올 수 없기 때문에 그러한 문제도 생길 수 없습니다. 두 번째 이유는 안전사고가 발생할 위험이 낮아지기 때문입니다. 아이들이 출입하는 매장에서는 아이들이 뛰어다니다가 다치는 일이 발생할 수 있는데, 노키즈존이 운영되면 그러한 사고 자체를 방지할 수 있습니다.
입장 강조	이처럼 노키즈존은 다른 손님들을 배려하고 사고를 막을 수 있는 제도이기 때문에 운영할 필요가 있다고 생각합니다.

반대하는 입장

순서	모범 답안
두 가지 입장 소개	노키즈존에 대한 사람들의 의견은 노키즈존이 필요하다는 것과 필요하지 않다는 것으로 나뉩니다.
나의 입장과 이유	이 중 저는 노키즈존이 필요하지 않다는 입장입니다. 노키즈존에 반대하는 첫 번째 이유는 노키즈존에 오는 모든 아이들이 소란을 피우는 것은 아니기 때문입니다. 일부 아이들의 행동을 근거로 모든 아이들의 출입을 막아서는 안 된다고 생각합니다. 두 번째 이유는 특정 손님을 차별하는 문화가 확산될 수 있기 때문입니다. 노키즈존은 아이들에 대한 차별입니다. 따라서 노키즈존 운영은 특정 손님을 차별해도 된다는 잘못된 인식을 심어 줄 수 있습니다.
입장 강조	이처럼 노키즈존은 아이들을 억압하고 차별하는 문화이므로 운영해서는 안 된다고 생각합니다.

6 화제: 신조어 사용

찬성하는 입장

순서	모범 답안
두 가지 입장 소개	신조어 사용을 긍정적으로 보는 사람도 있지만 부정적으로 보는 사람도 있습니다.
나의 입장과 이유	저는 신조어 사용을 긍정적으로 보는 입장입니다. 첫 번째 이유는 신조어의 등장이 시대의 변화에 따른 자연스러운 현상이기 때문입니다. 언어는 시대에 따라 변하는 것입니다. 그러므로 그 변화를 받아들이고 사용하는 것은 문제가 없다고 생각합니다. 두 번째 이유는 신조어를 사용하면 친밀감이 높아지기 때문입니다. 신조어는 딱딱한 대화 분위기를 부드럽게 풀어 주고 즐겁게 이야기를 나눌 수 있게 도와줍니다. 새로운 말과 문화를 설명해 주고 이해하는 과정에서 대화하기 편안한 분위기가 만들어질 수도 있습니다.
입장 강조	이처럼 신조어 사용은 자연스러운 언어 현상이고 대화에 도움을 주기 때문에 저는 신조어 사용에 찬성합니다.

반대하는 입장

순서	모범 답안
두 가지 입장 소개	신조어 사용을 긍정적으로 보는 사람도 있지만 부정적으로 보는 사람도 있습니다.
나의 입장과 이유	저는 신조어 사용을 부정적으로 보는 입장입니다. 첫 번째 이유는 신조어가 세대 간의 의사소통을 방해하기 때문입니다. 자녀가 신조어를 사용하고 부모님이 그 의미를 이해하지 못하면 원활한 대화를 할 수 없습니다. 두 번째 이유는 언어 규범이 파괴된 형태의 신조어가 너무 많기 때문입니다. 규범에 맞지 않는 신조어를 무분별하게 사용하다 보면 점차 올바른 언어 규범을 잊게 될 수도 있습니다.
입장 강조	이처럼 신조어는 세대 간의 대화를 단절시키고 언어 습관에 부정적인 영향을 주기 때문에 저는 신조어 사용에 반대합니다.

7 화제: 조기 교육

찬성하는 입장

순서	모범 답안
두 가지 입장 소개	아이들에게 다양한 경험을 제공할 수 있다는 점에서 조기 교육의 필요성을 강조하는 사람들도 많지만 부작용을 우려해서 조기 교육에 반대하는 사람도 있습니다.
나의 입장과 이유	저는 조기 교육을 하는 것에 찬성합니다. 조기 교육에 찬성하는 첫 번째 이유는 아이의 재능을 빨리 발견할 수 있는 기회가 되기 때문입니다. 조기 교육을 통해 아이가 가진 재능을 발견하고 그 능력을 발전시켜 주면 아이의 미래에도 도움이 될 수 있습니다. 조기 교육에 찬성하는 두 번째 이유는 무엇이든 나이가 어릴수록 효과적으로 배울 수 있기 때문입니다. 특히 외국어와 같은 제2언어(제이 언어)는 나이가 어릴 때 배워야 더 쉽고 빠르게 습득할 수 있습니다.
입장 강조	이처럼 조기 교육은 아이의 재능을 찾고 학습 효과를 높이는 데 도움이 되기 때문에 할 수 있다면 하는 것이 좋다고 생각합니다.

반대하는 입장

순서	모범 답안
두 가지 입장 소개	아이들에게 다양한 경험을 제공할 수 있다는 점에서 조기 교육의 필요성을 강조하는 사람들도 많지만 부작용을 우려해서 조기 교육에 반대하는 사람도 있습니다.
나의 입장과 이유	저는 조기 교육을 하는 것에 반대합니다. 조기 교육에 반대하는 첫 번째는 이유는 조기 교육이 아이의 정서 발달에 부정적인 영향을 줄 수 있기 때문입니다. 너무 어린 나이에 지나치게 많은 교육을 받으면 아이가 부담감과 불안을 느낄 우려가 있습니다. 조기 교육에 반대하는 두 번째 이유는 조기 교육이 학업에 흥미를 잃는 원인이 될 수 있기 때문입니다. 조기 교육을 받는 과정에서 아이가 스트레스를 받게 되면 오히려 공부하는 행위 자체에 거부감을 가지게 될 수도 있습니다.
입장 강조	이처럼 조기 교육은 아이의 성장과 발달을 저해할 가능성이 있기 때문에 하지 않는 것이 좋다고 생각합니다.

8 화제: 인터넷 실명제

찬성하는 입장

순서	모범 답안
두 가지 입장 소개	인터넷 실명제 시행에 찬성하는 입장과 반대하는 입장이 있습니다.
나의 입장과 이유	이 중 저는 인터넷 실명제 시행에 찬성하는 입장입니다. 그 이유는 첫째, 인터넷 실명제를 실시함으로써 악성 댓글을 막을 수 있기 때문입니다. 인터넷 공간에서는 익명성을 이용해서 악성 댓글을 다는 사람들이 많고, 이로 인해 큰 고통을 받는 피해자도 점차 늘어나고 있습니다. 인터넷 실명제를 시행하면 사람들이 자신이 올리는 글에 책임감을 가지게 될 것이므로 자연스럽게 악성 댓글도 줄어들 것입니다. 둘째, 사이버 범죄 수사에 효과적이기 때문입니다. 인터넷 실명제를 시행하면 필요한 경우 경찰이 이용자의 신분을 바로 확인할 수 있으므로 사이버 범죄의 가해자를 쉽게 찾을 수 있습니다.
입장 강조	이처럼 인터넷 실명제는 인터넷 이용자들의 피해를 예방하고 사건을 해결하는 데 도움이 되기 때문에 시행하는 것이 좋다고 생각합니다.

반대하는 입장

순서	모범 답안
두 가지 입장 소개	인터넷 실명제 시행에 찬성하는 입장과 반대하는 입장이 있습니다.
나의 입장과 이유	이 중 저는 인터넷 실명제 시행에 반대하는 입장입니다. 그 이유는 첫째, 인터넷 공간에 이름이 그대로 공개되면 개인 정보가 범죄에 이용되거나 사생활 침해를 당할 위험이 있기 때문입니다. 언제 어디에서 나의 정보가 노출되었는지 알기도 어렵다는 점에서 인터넷 사용 자체가 꺼려질 수도 있습니다. 둘째, 표현의 자유가 침해되기 때문입니다. 이름이 공개되는 것에 부담감을 느껴서 자유롭게 의견을 표현하지 못하게 되면 악성 댓글뿐만 아니라 인터넷에 올라오는 모든 글이 전체적으로 감소하게 될 것입니다.
입장 강조	따라서 저는 사람들이 안전한 환경에서 자유롭게 인터넷을 이용할 수 있도록 인터넷 실명제를 시행하지 않는 것이 좋다고 생각합니다.

제1회 실전 모의고사

1 화제: 살고 있는 곳

🎧 지금 어디에 살아요? 지금 사는 곳은 어떤 곳이에요? 살고 있는 동네에 대해 이야기하세요.

순서		모범 답안
질문에 대한 답	화제	저는 지금 신촌에 살고 있어요.
	설명 1	작년 5월(오 월)에 한국에 유학을 와서 학교 근처에서 살게 되었어요. 신촌에는 대학교가 있어서 대학생과 유학생들이 많아요.
추가하면 좋은 내용	설명 2	그리고 백화점과 마트, 영화관, 병원이 있어서 편리해요. 하지만 식당과 술집이 많아서 사람이 많고 조금 시끄러워요.

2 화제: 우체국 소포

🎧 우체국에 왔습니다. 우체국 직원에게 이야기하고 소포를 보내세요.

직원: 소포를 보내실 건가요?

순서	모범 답안
상황과 이유	네, 일본 오사카에 이 소포를 보내고 싶어요. 상자에 책 2권(두 권)하고 운동화 1켤레(한 켤레)가 들어 있어요. 친구한테 보내는 선물이에요. 다음 주 금요일까지 오사카에 도착할 수 있을까요? 그날이 친구 생일이거든요.
요청	가장 빨리 도착하는 걸로 보내 주세요.

③ 화제: 친구의 병문안

🎧 제니 씨가 교실에 있습니다. 제니 씨에게 무슨 일이 있었는지 이야기하세요.

순서		모범 답안
그림 (1)	사건 시작	수업이 곧 시작되는데 제니 씨의 옆자리 친구가 학교에 오지 않았어요. 제니 씨는 친구가 오지 않아서 걱정이 되었어요.
그림 (2)	사건 진행	수업이 끝나자마자 제니 씨는 친구에게 전화를 했어요. 친구는 감기에 걸려서 학교에 가지 못 했는데 열이 나고 기침을 한다고 했어요.
그림 (3)		제니 씨는 약국에 가서 증상을 말하고 친구의 감기약을 샀어요. 그리고 과일 가게에서 과일을 산 후에 버스를 타고 친구 집에 갔어요.
그림 (4)	사건 결과	제니 씨가 병문안을 가 봤더니 친구가 많이 아파 보였어요. 제니 씨가 사다 준 감기약과 과일을 보고 친구가 감동했어요.

④ 화제: 재택근무

🎧 두 사람이 재택근무에 대해 이야기하고 있습니다. 여자의 마지막 말을 듣고 남자가 할 말로 반대 의견을 말하십시오.

여자: 요즘 출근하지 않고 재택근무하는 회사가 많던데 우리 회사도 바뀌면 좋겠어요.
남자: 글쎄요. 저는 재택근무를 하면 같이 일하는 사람들과 의사소통하기가 어려워져서 불편할 것 같은데요. 집에서 일하면 집중력도 떨어질 것 같고요.
여자: 회의는 온라인으로 할 수 있고 대화가 필요할 때는 전화나 메신저로 연락하면 되지요.

순서	모범 답안
상대방 의견 인정	물론 온라인 회의도 가능하고 전화나 메신저로 연락할 수도 있지요.
반대 의견과 이유	하지만 회사에서 만나서 회의를 하면 내 생각을 효과적으로 전달할 수 있고 더 자유롭게 의견을 나눌 수 있잖아요. 일하다가 궁금한 것이 있을 때도 바로 물어볼 수 있고요. 그리고 집에서 혼자 일하면 회사에서 일할 때처럼 집중해서 일을 처리하지 못할 것 같아요.
정리	저는 지금처럼 회사에 출근해서 사람들과 같이 일하는 방식이 더 편해요.

⑤ 화제: 반려동물 시장 성장

🎧 뉴스를 듣고 자료에 제시된 사회 현상을 설명하십시오. 그리고 그 현상의 이유와 전망에 대해 말하십시오.

뉴스: 강아지나 고양이와 같은 반려동물을 키우는 사람이 늘고 있습니다. 조사 자료를 통해 반려동물 관련 산업이 얼마나 성장했는지, 그리고 그 이유는 무엇인지 알아봤습니다.

순서		모범 답안
자료 1	현황	조사 결과에 따르면 반려동물을 키우는 가구는 해마다 늘어나서 전체 가구의 30%(삼십 퍼센트)를 차지하는 640만 가구(육백사십만 가구)에 달한다고 합니다. 또한 반려동물 시장의 규모를 살펴보면, 매출액이 2019년(이천십구 년) 3조 원(삼조 원)에서, 2020년(이천이십 년) 3조 4천억 원(삼조 사천억 원), 2021년(이천이십일 년) 3조 8천억 원(삼조 팔천억 원)으로 연평균 14%(십사 퍼센트)나 증가했습니다.
자료 2	이유나 원인	이렇게 반려동물 시장이 성장한 이유는 첫째, 반려동물은 가족이라는 인식이 생겼기 때문입니다. 이로 인해 반려동물을 위한 소비가 증가하면서 시장 자체가 커진 것으로 보입니다. 둘째, 반려동물 산업이 전문화, 세분화되었기 때문입니다. 이제 반려동물 산업은 음식, 패션, 건강 등 다양한 분야로 발전하고 있습니다.
의견	전망	이처럼 반려동물을 소중한 가족으로 여기고 더 많은 제품과 서비스를 제공해 주려는 사람이 늘고 있기 때문에 앞으로도 반려동물 시장은 꾸준히 성장할 것으로 예상됩니다.

⑥ 화제: 성공의 의미

🎧 사람들은 성공하기를 원합니다. 성공이 무엇이라고 생각하고 그렇게 생각하는 이유는 무엇입니까? 그리고 성공을 이루기 위해 어떻게 해야 하는지 자신의 생각을 말하십시오.

순서	모범 답안
일반적인 생각	성공이라고 하면 돈을 많이 벌어서 경제적으로 풍족해지거나 높은 지위에 오르는 것을 생각하는 사람이 많습니다.
나의 생각과 이유	그러나 성공의 의미는 그 기준을 어디에 두느냐에 따라 달라진다고 생각합니다. 제가 생각하는 성공은 자신이 원하는 일에 시간을 쓸 수 있는 것입니다. 돈을 벌기 위해 매일 좋아하지 않는 일을 하면서 시간을 보내야 하고 정작 자신이 좋아하는 것을 즐길 여유가 없다면 만족감이 크지 않을 것입니다. 그러므로 저는 자신이 좋아하는 일을 하면서 돈을 벌고, 하고 싶은 일이 생겼을 때 시간을 낼 수 있는 것이 성공이라고 생각합니다.
필요한 노력	성공을 이루기 위해서는 먼저 자신만의 성공의 기준과 목표를 세워야 합니다. 그리고 좋은 사람들과 관계를 맺고 긍정적인 영향을 주고받으며 전진하면 성공할 수 있다고 생각합니다.

제2회 실전 모의고사

1 화제: 여행 계획

🎧 한국에서 여행하고 싶은 곳이 있어요? 거기에서 뭘 하고 싶어요? 한국 여행 계획에 대해 이야기하세요.

순서		모범 답안
질문에 대한 답	화제	저는 한국에서 제주도에 가 보고 싶어요.
	설명 1	제주도에서 바다를 구경하고 수영도 하고 싶어요. 제주도는 경치가 아름답고 유명한 관광지가 많아서 여기저기 돌아다니면서 구경을 하고 싶어요.
추가하면 좋은 내용	설명 2	저는 등산을 좋아해서 제주도에 가면 한라산에 꼭 갈 거예요. 우리 언니도 등산을 좋아하니까 언니와 같이 제주도에 가고 싶어요.

2 화제: 식당 추천

🎧 친구가 가족들과 식당에 갈 겁니다. 친구에게 맛있는 식당을 추천하세요.

친구: 고향에서 가족들이 왔는데 어느 식당에 가면 좋을까?

순서	모범 답안
소개	삼계탕이 유명한 식당에 가는 건 어때?
자세한 설명	명동에 있는 맛나 삼계탕에 한번 가 봐. 명동역 2번(이 번) 출구에서 아주 가까워. 삼계탕이 정말 맛있고 직원들도 친절해. 주말에는 손님이 많아서 자리가 없으니까 평일에 가는 게 좋아.
추천	맛있는 식당이니까 가족들과 거기에 한번 가 봐.

❸ 화제: 실수

🎧 민수 씨가 캠핑장에 갔습니다. 민수 씨에게 무슨 일이 있었는지 이야기하세요.

순서		모범 답안
그림 (1)	사건 시작	지난 주말에 민수 씨 가족은 캠핑장에 갔어요. 민수 씨가 운전을 하고 아이들은 차 안에서 즐겁게 노래를 불렀어요.
그림 (2)	사건 진행	캠핑장에 도착한 후에 아이들이 배가 고프다고 했어요. 민수 씨는 아내와 아이들에게 오늘은 자기가 요리를 하겠다고 했어요.
그림 (3)		민수 씨는 가족들에게 맛있는 음식을 만들어 주기 위해 열심히 요리했어요. 하지만 소금을 넣는다는 게 설탕을 넣고 말았어요.
그림 (4)	사건 결과	드디어 음식이 완성되었지만 맛이 이상해서 먹을 수 없었어요. 민수 씨는 실수를 해 버려서 부끄럽고 속상했어요.

❹ 화제: 소비 습관

🎧 두 사람이 소비 습관에 대해 이야기하고 있습니다. 남자의 마지막 말을 듣고 여자가 조언하는 대화를 완성하십시오.

남자: 아, 이번 달이 아직 2주(이 주)나 남았는데 벌써 돈을 다 써서 생활비가 부족해요.

여자: 벌써 돈을 다 썼다고요? 월급 받은 지 얼마 안 됐잖아요.

남자: 이상하게 저는 돈을 많이 안 쓰는 것 같은데 항상 돈이 부족해요. 이번 달에는 쇼핑도 많이 안 했는데요.

순서	모범 답안
공감	맞아요. 물건도 많이 안 샀는데 왜 돈이 없는지 이상할 때가 있지요.
조언과 이유	그럴 때는 가계부를 한번 써 보세요. 내가 평소에 돈을 어떻게 쓰고 있는지 알아야 문제점을 알 수 있거든요. 적은 돈도 모이면 큰돈이 되니까 불필요한 소비를 찾아서 줄이는 것이 중요해요. 그리고 신용 카드 대신 체크 카드나 현금을 쓰는 게 어때요? 돈이 얼마 남았는지 확인할 수 있어서 계획적으로 돈을 관리할 수 있을 거예요.

5 화제: 학교 폭력 피해 증가

🎧 뉴스를 듣고 자료에 제시된 사회 현상을 설명하십시오. 그리고 그 현상의 이유와 해결 방법에 대해 말하십시오.

뉴스: 해마다 학교 폭력 피해가 늘고 있습니다. 조사 자료를 통해 학교 폭력 피해를 입은 학생이 얼마나 되는지, 그리고 학교 폭력이 발생하는 이유는 무엇인지 알아봤습니다.

순서		모범 답안
자료 1	현황	조사 결과에 따르면 전국 초 · 중 · 고의 학교 폭력 피해 학생 수는 5만 4천 명(오만 사천 명)으로 전체 학생의 1.7%(일 점 칠 퍼센트)를 차지했습니다. 이는 2013년(이천십삼 년) 이후 가장 높은 수치입니다. 특히 초등학교에서의 피해 학생은 3.8%(삼 점 팔 퍼센트)에 달했습니다.
자료 2	이유나 원인	학생들이 생각하는 학교 폭력 발생 이유로는 '가해 학생에 대한 처벌이 부족해서'라는 대답이 가장 많았습니다. 즉, 학생들은 가해 학생에게 적절한 처벌이 뒤따르지 않는다고 생각하는 것으로 나타났습니다. 다음으로 '도움을 요청하기 어려워서'라는 대답이 그 뒤를 이어 피해 학생들이 도움을 받지 못하고 있는 것을 알 수 있었습니다.
의견	해결 방법	따라서 학교 폭력 예방 및 재발 방지를 위해서는 우선 가해 학생에 대한 처벌을 강화해야 합니다. 또한 피해 학생이 피해 사실을 쉽게 알리고 도움을 받을 수 있도록 관련 시설과 제도를 확대해야 할 것입니다.

6 화제: CCTV 설치 확대

🎧 요즘은 우리가 생활하는 장소에서 CCTV(시시 티브이)를 쉽게 볼 수 있습니다. CCTV 설치를 확대하는 것에 찬성합니까? 반대합니까? 그 이유는 무엇인지 두 가지 이상 말하십시오.

찬성하는 입장

순서	모범 답안
두 가지 입장 소개	CCTV의 장점을 언급하며 CCTV 설치 확대에 찬성하는 사람들도 있지만 반대하는 사람들도 있습니다.
나의 입장과 이유	저는 CCTV 설치를 확대하는 것에 찬성합니다. 그 첫 번째 이유는 CCTV가 늘어나면 각종 범죄를 예방할 수 있기 때문입니다. 특히, 침입이나 절도 같은 경우 범죄자들이 CCTV가 설치되어 있다는 것만으로도 부담을 느껴 관련 범죄율이 낮아지는 효과가 있다고 합니다. 두 번째 이유는 범죄가 발생했을 때 CCTV가 범인을 검거하는 데 중요한 역할을 하기 때문입니다. 실제로 범죄 현장에 설치된 CCTV의 영상을 근거로 범인을 찾은 경우도 많습니다.
입장 강조	이처럼 CCTV는 우리의 안전을 지켜주기 때문에 저는 CCTV 설치를 확대하는 것이 좋다고 생각합니다.

정답 및 해설

반대하는 입장

순서	모범 답안
두 가지 입장 소개	CCTV의 장점을 언급하며 CCTV 설치 확대에 찬성하는 사람들도 있지만 반대하는 사람들도 있습니다.
나의 입장과 이유	저는 CCTV 설치를 확대하는 것에 반대합니다. 그 첫 번째 이유는 CCTV가 늘어나면 많은 정보가 노출되어서 사생활을 침해받을 수 있기 때문입니다. 자신이 언제 어디에서 CCTV에 찍히고 있는지 알 수 없고, 그 영상을 다른 사람이 볼 수 있을지도 모른다는 점을 불편하게 느낄 수 있는 것입니다. 두 번째 이유는 CCTV 설치 비용에 비해 범죄 예방 효과가 크지 않기 때문입니다. CCTV를 설치하기 위해서는 적지 않은 비용이 드는데, 여러 조사 결과를 살펴보면 CCTV를 설치한다고 해서 범죄율이 현저히 낮아진다고 볼 수는 없습니다.
입장 강조	따라서 CCTV 설치로 발생하는 사생활 노출과 설치 비용을 고려할 때 저는 CCTV 설치를 더 이상 확대하지 않는 것이 좋다고 생각합니다.

반대하는 입장

제3회 실전 모의고사

1 화제: 생일

🎧 생일이 언제예요? 지난 생일에 무엇을 했어요? 생일에 대해 이야기하세요.

순서		모범 답안
질문에 대한 답	화제	제 생일은 12월(십이 월) 10일(십 일)이에요.
	설명 1	지난 생일에는 사람들을 초대해서 우리 집에서 생일 파티를 했어요. 많은 사람들이 와서 제 생일을 축하해 줬어요. 정말 행복하고 즐거웠어요.
추가하면 좋은 내용	설명 2	생일 선물을 많이 받았는데 친구에게 특별한 지갑을 선물 받았어요. 친구가 직접 지갑을 만들어서 저에게 선물해 줬어요. 지갑이 예쁘고 제 이름이 있어서 정말 마음에 들었어요.

2 화제: 길 안내

🎧 친구가 우리 집에 오려고 합니다. 친구에게 우리 집에 오는 방법을 설명하세요.

친구: 여보세요? 지금 학교에 있는데 여기에서 제니 씨 집까지 어떻게 가야 해요?

순서	모범 답안
안내	지하철을 타고 오세요.
자세한 설명	지하철 4호선(사 호선)을 타고 오다가 동대문역에서 1호선(일 호선)으로 갈아타세요. 시청역에서 내려서 2번(이 번) 출구로 나오면 돼요. 2번 출구에서 나와서 조금 걷다가 오른쪽으로 쭉 오면 행복 아파트가 있어요. 걸어서 10분(십 분)쯤 걸려요. 우리 집은 행복 아파트 405호(사백오 호)예요.

③ 화제: 보고서

🎧 윤아 씨가 부장실에 갔습니다. 윤아 씨에게 무슨 일이 있었는지 이야기하세요.

순서		모범 답안
그림 (1)	사건 시작	윤아 씨는 보고서를 제출하러 부장실에 갔어요. 부장님께 보고서를 제출하려고 하니 긴장이 됐어요.
그림 (2)	사건 진행	부장님은 윤아 씨가 쓴 보고서를 읽고 나서 표정이 안 좋아지셨어요. 금요일까지 보고서를 다시 써 오라고 하셨어요.
그림 (3)		윤아 씨는 보고서를 다시 쓰느라 야근을 했어요. 피곤해서 쓰러질 지경이었는데 동료가 일을 도와준다고 해서 고마웠어요.
그림 (4)	사건 결과	드디어 금요일이 되어서 부장님께 보고서를 제출했어요. 걱정을 많이 했는데 부장님께서 칭찬을 해 주셔서 기분이 좋았어요.

④ 화제: 초등학생의 휴대폰 사용

🎧 두 사람이 초등학생의 휴대폰 사용에 대해 이야기하고 있습니다. 여자의 마지막 말을 듣고 남자가 할 말로 반대 의견을 말하십시오.

여자: 초등학생 아들이 자꾸 휴대폰을 사 달라고 하는데 민수 씨는 아이한테 휴대폰을 사 줬어요?
남자: 네, 저는 사 줬어요. 아이하고 연락할 일도 많고 공부할 때 필요하다고 해서요.
여자: 그렇군요. 저는 휴대폰이 있으면 공부에 방해가 될 것 같아서 사 주고 싶지 않거든요.

순서	모범 답안
상대방 의견 인정	물론 휴대폰만 계속 보고 있으면 공부에 방해가 되지요.
반대 의견과 이유	하지만 사용하는 시간을 미리 정해 두면 괜찮아요. 휴대폰이 있으면 궁금한 내용은 바로 검색할 수 있어서 오히려 아이들 공부에 도움이 되는 것 같아요. 그리고 아이한테 언제든지 연락할 수 있어서 안심이 돼요.
정리	이런 장점이 있으니까 아이한테 휴대폰을 사 주는 게 좋다고 생각해요.

5 화제: 지구 온난화

🎧 뉴스를 듣고 자료에 제시된 사회 현상을 설명하십시오. 그리고 그 현상의 원인과 해결 방법에 대해 말하십시오.

....

뉴스: 지구 온난화로 지구의 평균 기온이 상승하고 있습니다. 조사 자료를 통해 지구의 평균 기온이 얼마나 상승했는지, 그리고 지구 온난화의 원인과 영향은 무엇인지 알아봤습니다.

순서		모범 답안
자료 1	현황	조사 결과에 따르면 지구의 평균 기온은 2003년(이천삼 년)부터 2011년(이천십일 년)까지는 0.78도(영 점 칠팔 도) 상승했으나 2012년(이천십이 년)부터 2020년(이천이십 년)까지는 1.09도(일 점 영구 도)나 상승했습니다.
자료 2	이유나 원인	이처럼 지구의 평균 기온이 상승하는 현상을 '지구 온난화'라고 합니다. 이러한 현상은 이산화탄소와 같은 온실 가스가 증가하여 지구의 표면을 덮으면 대기의 온도를 높이기 때문에 나타납니다. 그 결과 무더위, 한파, 집중호우, 가뭄 등의 기상 이변과 기후 변화가 발생하고 있으며, 많은 동식물이 멸종 위기에 처해 있습니다.
의견	해결 방법	지구 온난화를 막기 위해서는 특히 석유나 석탄 같은 화석 연료에서 많이 나오는 이산화탄소의 양을 줄여야 합니다. 예를 들어 자동차 대신 대중교통을 이용하고, 일회용품 사용을 자제하며 쓰레기 배출량을 줄이면 지구 온난화를 막는 데 큰 도움이 될 것입니다.

6 화제: 세대 갈등

🎧 현대 사회를 이끌어 가는 기성세대와 젊은 세대 간의 세대 갈등이 심해지고 있습니다. 세대 갈등은 어디에서 볼 수 있습니까? 세대 갈등의 원인과 해결 방법이 무엇인지 자신의 생각을 말하십시오.

순서	모범 답안
현황	세대 갈등은 가정과 직장 등 사회 전반에서 나타납니다. 가정에서는 부모 세대와 자녀 세대의 갈등이 발생하고 직장에서는 상사와 부하 직원이 갈등을 겪습니다.
이유나 원인	이러한 갈등이 발생하는 첫 번째 원인은 가치관이 다르기 때문입니다. 각 세대는 살아온 시대와 경험치가 다르기 때문에 생각하는 것도 차이가 있을 수밖에 없습니다. 그런데 이것을 인정하지 않고 자신의 생각만 강요하면 갈등이 생기는 것입니다. 두 번째 원인은 서로 소통하지 않아서라고 생각합니다. 특히 부모와 자녀 사이에 대화가 단절된 가정이 많습니다. 대화를 하며 소통하지 않으면 서로의 문화나 정서를 이해할 기회가 없기 때문에 갈등이 더욱 깊어질 수밖에 없습니다.
해결 방법	세대 갈등을 해결하기 위해서는 다른 세대를 이해하고 소통하려는 노력이 필요합니다. 기성세대는 권위적인 태도를 버리고, 젊은 세대는 기성세대의 경험을 존중하면서 상대방의 입장에서 생각할 필요가 있을 것입니다.

TOPIK No.1

외국인과 재외동포를 위한

한국어능력시험(TOPIK)의 지침서

기초부터 차근차근 공부하고 싶어요.

짧은 시간 동안 핵심만 볼래요.

문제풀이 연습을 하고 싶어요.

실전 연습을 하고 싶어요.

영역별로 꼼꼼하게 공부하고 싶어요.

한국어 어휘 공부를 하고 싶어요.

한국어 문법 공부를 하고 싶어요.

※ 도서의 이미지 및 구성은 변경될 수 있습니다.

한 국 어 능 력 시 험

TOPIK

말하기 표현
MASTER 마스터

정답 및 해설

한 국 어 능 력 시 험

  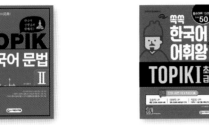   

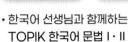

- 한국어 선생님과 함께하는
  TOPIK 한국어 문법 Ⅰ · Ⅱ

- 한 달 만에 완성하는
  쏙쏙 TOPIK 한국어 어휘 초급 · 중급 · 고급

- 영역별 무료 동영상 강의로 공부하는
  TOPIK Ⅰ · Ⅱ 한 번에 통과하기, 실전 모의고사, 쓰기, 기출 유형 문제집, 쓰기 · 읽기 · 말하기 마스터

- 저자만의 특별한 공식 풀이법으로 공부하는
  TOPIK Ⅰ · Ⅱ 단기완성

- 사회통합프로그램 시험을 완벽 분석한
  사회통합프로그램 종합평가 한 권으로 끝내기, 사전평가 단기완성
  사회통합프로그램 사전평가 · 중간평가 · 종합평가 실전 모의고사

- 귀화 면접심사와 사회통합프로그램 구술시험의 완벽 대비를 위한
  귀화 면접심사 & 사회통합프로그램 구술시험

※ 도서의 이미지 및 구성은 변경될 수 있습니다.